Diseño web con HTML5 y CSS3

Manuel Torres Remon

Diseño web con HTML5 y CSS3

© Manuel Torres Remon

Derechos reservados © Empresa Editora Macro EIRL, Lima – Perú
Primera edición: Empresa Editora Macro EIRL, Lima – Perú, marzo de 2025

Primera edición: MARCOMBO, S.L. 2016
Segunda edición: MARCOMBO, S.L. 2026

© 2026 MARCOMBO, S.L. www.marcombo.com
Gran Via de les Corts Catalanes 594, 08007 Barcelona
Contacto: info@marcombo.com

ISBN: 978-84-267-4098-4
D.L.: B 18404-2025

Impreso en Servicepoint
Printed in Spain

Libro ecológico
Impreso con papel procedente de bosques gestionados
de manera eficiente, libre de cloro.

Manuel Torres Remon

Manuel Torres Remon es ingeniero de sistemas computacionales y licenciado en Educación en la especialidad de Computación e Informática, además cuenta con veinte años de experiencia en consultoría y docencia en áreas de tecnología. Esta amplia experiencia le ha permitido brindar cursos de formación en las instituciones más importantes de Lima, Perú.

Su formación académica tecnológica se inició en el Instituto Manuel Arévalo Cáceres, la cual complementó al estudiar Ingeniería de Sistemas Computacionales en la Universidad Privada del Norte, obteniendo su grado de licenciado a nombre de la Universidad Alas Peruanas. El aprendizaje adquirido de estas instituciones le ha proporcionado una buena formación profesional, lo que le ha permitido desempeñarse satisfactoriamente en las diversas instituciones donde trabaja.

Actualmente, se desempeña como docente de tecnología en instituciones educativas como la Escuela Superior de Tecnología del SENATI, IEST "Manuel Arévalo Cáceres" y Cibertec. En estas instituciones imparte cursos de tecnología, especialmente en Programación, Bases de Datos y Análisis de Sistemas.

Para cualquier duda o consulta sobre el material la puede realizar al email manuel.torresr@hotmail.com.

ÍNDICE

CAPÍTULO 3: HOJAS DE ESTILOS EN CASCADA CSS3 73

CAPÍTULO 4: FORMATEANDO UN TEXTO WEB 121

CAPÍTULO 9: GESTIÓN DE FORMULARIOS PARA LA WEB.................263

PRESENTACIÓN

En la actualidad, la internet se ha vuelto un elemento muy importante en nuestras vidas, ya que facilita el acceso a la información y al entretenimiento por medio de vídeos, televisión digital, redes sociales, etc. Para que esta información sea accesible en la internet, tiene que estar en una página web o ser una. Por ello, es importante saber manejar y programar una página web tanto para nuestro desarrollo personal como laboral.

Una de las personas que influyó en esta tendencia es Tim Berners-Lee. Él introdujo la idea del HTML al mundo, dándola a conocer en el año 1989 como producto de las deficiencias que presentaba la búsqueda de información en la internet y la necesidad humana de mejorar lo que se tiene. Tim propone dos tecnologías para mejorar la experiencia en la web, como son: el HTTP y el HTML, respectivamente.

Si se analiza el concepto de HTTP, se evidenciaría que se refiere a la necesidad de transferir información de cualquier tipo por la web, de ahí sus iniciales HyperText Transfer Protocol. El HTTP es un protocolo de transferencia usado para computadoras (ordenadores) catalogadas como servidores web. Estos reciben una petición de usuario como, por ejemplo, visualizar una determinada página web. Se debe notar que siempre comienza con las palabras http://, pues estas hacen referencia al protocolo que se usará cuando se haga la petición al servidor web. Esto convierte y muestra un documento HTML en su navegador web, como, por ejemplo, Internet Explorer, Google Chrome, Mozilla Firefox, etc.

La segunda tecnología propuesta es el HTML, que representa un lenguaje de marcado basado en etiquetas. Este indica al navegador web cómo debe mostrar el documento web solicitado por un determinado usuario. Esta tecnología abrió el camino a lo que hoy se conoce como navegar por la web, pues contiene etiquetas que permiten configurar una navegación fluida entre muchos documentos web que se encuentran en la internet. La unión de estas tecnologías permite que la experiencia en la internet sea rápida y sencilla, lo que hace que el usuario navegue lo más cómodo posible.

Tim Berners-Lee fundó el W3C, llamado así por las iniciales de Consorcio World Wide Web, el cual ofreció a los usuarios de todo el mundo una guía sobre el uso del HTML, disponiendo cuatro versiones iniciales y un nuevo estándar llamado HTML5, que permitirá revolucionar la experiencia web en el planeta. Este libro está preparado para explicar las nuevas especificaciones que presenta HTML5 y que usted podrá desarrollar mediante guías practicas; desarrolladas paso a paso usando aplicaciones estándar y de mayor demanda entre los diseñadores web.

010 01 00 1011 1 1010 00001   101010 01 00 1011 1 1010 00001 1 1 1010 0000
0101 11000 0 10101 1   0001001 0101 11000 0 10101 1   00010010101 1   000
01 100 111 010101011 001   10 0101 100 111 010101011 001 1010101011 001
1   010101 1 01010 0101 10100 01   010101 1 01010   0101 101001010   0101 1
011   001101010100 1 10011 1 1 10001   001101010100 1 00110101010
11   1000101 110101 1001 11 11 10 010001 11 11 10 01

Capítulo 1

HTML5

1.1 Introducción

Cuando se escucha el término HTML se lo suele asociar instantáneamente a una página web, debido a que al realizar una navegación se hace uso de un documento web. Luego, este es interpretado dentro de un servidor que transforma las etiquetas HTML en algo legible para el usuario. Entonces, se puede decir que un diseñador de páginas web utiliza el lenguaje HTML para la implementación de sus páginas, ya que usa ciertos programas que generan páginas basadas en etiquetas HTML. Finalmente, los navegadores web permiten visualizar la interpretación de cada etiqueta generando así un proceso de navegación entre páginas web. Todo este proceso será esclarecido en el presente libro, pues nuestro propósito es que usted genere su propio documento web y pueda realizar las pruebas correspondientes en un navegador web.

En ese mismo sentido, se debe considerar que HTML fue diseñado bajo la necesidad de mostrar información por medio de internet. Hoy en día esa necesidad ha hecho que la mayoría de dispositivos que muestran información web tengan un contenido HTML. Este lenguaje se ha convertido en un estándar a nivel mundial, pues todo documento web deberá estar basado en sus etiquetas. Se puede embeber con otras tecnologías, pero sus etiquetas siempre estarán presentes. Existe un consorcio que avala el reconocimiento que tiene HTML, llamado W3C o también World Wide Web Consortium, el cual es considerado como un organismo sin fines de lucro que define las normas sobre el uso de las etiquetas HTML.

"El Consorcio WWW, en inglés: World Wide Web Consortium (W3C), es un consorcio internacional que genera recomendaciones y estándares que aseguran el crecimiento de la World Wide Web a largo plazo. Este consorcio fue creado en octubre de 1994, y está dirigido por Tim Berners-Lee, el creador original del URL (Uniform Resource Locator, Localizador Uniforme de Recursos), del HTTP (HyperText Transfer Protocol, Protocolo de Transferencia de HiperTexto) y del HTML (Hyper Text Markup Language, Lenguaje de Marcado de HiperTexto), que son las principales tecnologías sobre las que se basa la Web".

Fuente: https://es.wikipedia.org/wiki/World_Wide_Web_Consortium

En la actualidad, el World Wide Web Consortium (W3C) anunció que realizará una actualización del HTML5, la cual se llamará HTML5.1, y se centrarán en la lectura del script para usuarios con poca experiencia en diseño web. Asimismo, facilitará el uso de la programación y la incorporación de nuevas funcionalidades y características enfocado en el futuro.

1.2 Historia del HTML

Como ya se mencionó, HTML es un lenguaje de definición de etiquetas que presentó sus inicios alrededor del año 1991. Motivado por mostrar información de forma remota entre la comunidad de científicos, Tim Berners logró desarrollar HTML cuando se encontraba laborando (trabajando) en la CERN (European Organization for Nuclear Research), Organización Europea para la Investigación Nuclear. En esta primera versión se presentaron 22 etiquetas, de las cuales entre 11 y 12 aún se siguen usando en la versión actual.

Con el fin de establecer un estándar, se crea el IEFT (Internet Engineering Task Force), Grupo de Trabajo de Ingeniería de Internet, en el año 1993. Este grupo definió la gramática que presenta HTML actualmente; en estos años se presentaron bosquejos para el lenguaje de etiquetas teniendo como resultado el HTML+. Luego, en el año 1994, se introdujo el HTML Working Group, el cual estandariza el uso del HTML con la versión 2.0 y 3.0. Una de las principales características en esta evolución es la incorporación de etiquetas para la gestión de las tablas en un documento web.

A inicios del año 1997 se lanzó la versión 3.2 del HTML bajo una nueva organización llamada W3C (World Wide Web Consortion), fundada por Tim Berners; dicha organización es la encargada de generar recomendaciones y estándares que aseguran el uso correcto del HTML en el World Wide Web.

A finales del año 1997 se lanzó la cuarta versión llamada HTML4, cuya principal característica es la introducción de variantes que presentan el lenguaje como transaccional, estricta y marcos. La variante transaccional permitía el uso de etiquetas obsoletas dentro del lenguaje, mientras que la estricta no y los marcos dividían la página web en sectores llamados frames.

Finalmente, en el año 2014 se creó la WHATWG (Web Hypertext Application Technology Working) para la implementación de una nueva tecnología basada en las etiquetas HTML5 e incorporando funcionalidades para elementos multimedia como los vídeos, audios, imágenes vectoriales y contenido 2D y 3D dentro de los documentos web.

1.3 Versiones de HTML

HTML no cuenta con muchas versiones debido a que su objetivo es implementar documentos web mediante etiquetas; la diferencia entre las versiones es mínima, a excepción de la versión HTML5, la cual cambia el paradigma tradicional por una tecnología moderna enfocada a todos los dispositivos que la soporten. En la actualidad se puede observar esto en casi todos los aparatos móviles como tablets, *smartphones*, iPhone, televisores *smart*, etc. A continuación, se mostrará una lista de las versiones del HTML y una breve especificación:

a. **HTML 1.0:** es la versión oficial del lenguaje HTML lanzada en 1993. Esta versión se basa en contenidos básicos y se manejaba siempre desde etiquetas que permitían a los diseñadores web crear documentos estructurados enfocados a los enlaces y formatos de texto legibles.

b. **HTML 2.0:** es considerada la primera versión oficial lanzada en 1995; es aquí donde se formalizan todas las versiones pasadas del HTML. Esta versión se encuentra basada en el estándar del HTML llamado SGML, el cual contiene un lenguaje limpio enfocado en un alto porcentaje en la funcionalidad y no en el diseño, por lo que no presenta un soporte para las tablas.

c. **HTML 3.0:** fue desarrollada a principios del año 1996 en conjunto con empresas comerciales como IBM, Microsoft, Netscape, Novell, SoftQuad, Spyglass y Sun Microsystems. Entre sus principales características se observa la incorporación de etiquetas para las tablas y microaplicaciones; además, mejora el aspecto de las imágenes colocando texto alrededor.

d. **HTML 4.0:** fue desarrollada a principios del año 1997. Es la que se mantuvo por mayor tiempo en comparación con las demás versiones. Esto se debe principalmente a la incorporación de nuevos mecanismos como las hojas de estilo en cascada, soporte para la ejecución de scripts como JavaScript, manejo de marcos (también llamados frames), soporte mejorado para texto, ampliación de nuevas características para la gestión de las tablas y soporte para el manejo de los formularios.

e. **HTML5:** fue desarrollada en el año 2014. Esta nueva versión define los nuevos estándares de desarrollo web, proponiendo un nuevo concepto sobre los documentos web, ya que no solo representa la actualización de las etiquetas HTML4, sino que muestra una nueva tecnología basada en la integración de los documentos web y elementos multimedia de manera profesional.

1.4 Características del HTML5

HTML5 se presenta como una propuesta moderna con ciertas reglas que fueron planteadas al momento de su implementación:

a. Su tecnología debe estar basada en HTML, CSS, DOM y JavaScript.

b. Incorpora funcionalidades para el tratamiento de errores, como lo hacen los lenguajes de programación.

c. Incorpora etiquetas que reemplazan el uso de bloques de código, lo que reduce la cantidad de código en un documento web.

d. Amplía la tecnología para que su uso no se limite a los documentos web, sino también a todos los dispositivos móviles.

e. Todas las etiquetas que trabajen para la presentación del documento serán reemplazadas totalmente por el uso de hojas de estilo CSS.

Entonces, entre las principales características que presenta HTML5, se observan las siguientes:

A. Estructura de la web

HTML5 presenta etiquetas nuevas y usa algunas de sus versiones anteriores, lo cual permite tener un mejor documento web, mucho más ordenado para el diseñador. Asimismo, ofrece mayor rapidez para el navegador, logrando así un aumento del dinamismo en la página web. HTML5 no promueve el cambio total de las etiquetas, sino más bien implementa nuevas dejando obsoletas solo algunas etiquetas HTML4.

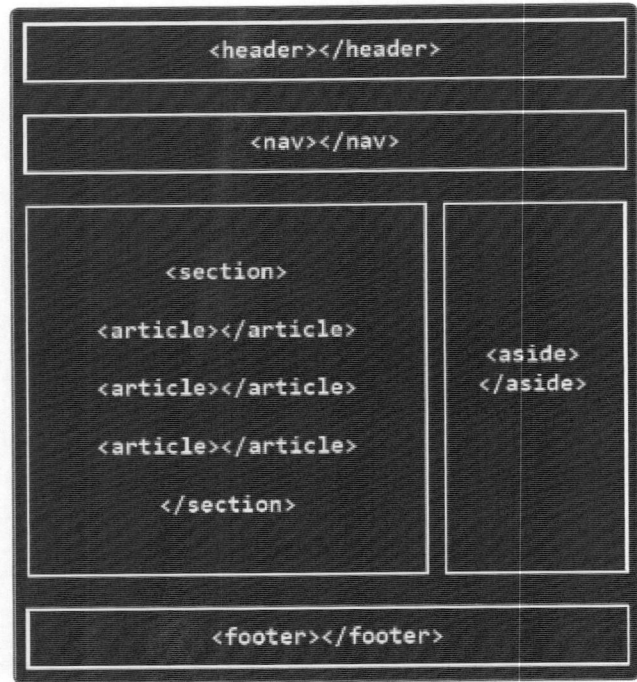

Figura 1. Etiquetas HTML5

B. Gráficos con Canvas

Canvas permitirá generar elementos gráficos, estadísticos y cualquier tipo de representación gráfica. Canvas es un elemento incorporado en HTML5 que permite generar imágenes dinámicas por medio de un script de JavaScript. Lo más destacable de Canvas es la interacción que puede realizar el usuario frente a un documento web.

Figura 2. HTML5 y Canvas

Fuente: https://www.yunbitsoftware.com/blog/2018/02/22/metodos-de-dibujo-canvas-html5-y-jquery-introduccion-y-ejemplo/

C. Control de audio y vídeo

HTML5 incorpora de manera nativa el reproductor de contenidos multimedia, como sonidos en formato MP3 y vídeos de formato MP4, mostrando una barra parecida a la siguiente imagen:

La mayoría de las páginas web que ofrecen audio o vídeo dependen mucho de la instalación de plugins que permitan dar soporte a estos formatos, como el plugin de Adobe Flash. Este último era muy requerido por los diseñadores de páginas web hasta la salida de HTML5. Tras esto el panorama cambió completamente y hoy ya es posible ver vídeos o escuchar canciones *online* sin tener que descargarlas, solo es necesario gestionar un reproductor de audio o vídeo.

D. Gestión de la geolocalización

HTML5 está desarrollado para diferentes plataformas como web, móviles, etc. Una de las características principales es la geolocalización, que permitirá determinar desde qué lugar se está visualizando un sitio web. Todo esto es posible gracias a los sistemas de referenciación, como el GPS.

Esto permitirá al usuario tener una rápida ubicación de la empresa que promociona la web, dando confianza al cliente en el momento de realizar, por ejemplo, un e-commerce.

Figura 3. Geolocalización

Fuente: https://rpp.pe/vital/salud/la-geolocalizacion-ayuda-a-salvar-victimas-del-terremoto-en-mexico-noticia-1078196

E. Bases de datos locales

Se incorpora la tecnología de las bases de datos de forma local con la finalidad de navegar por una web sin necesidad de estar conectados a internet; este trabajo es conocido como *offline*.

F. Web Workers

Se incorporan API's que permitirán trabajar en segundo plano para los procesos que requieran mucho tiempo de procesamiento.

G. Formularios

Se incorporan nuevas funcionalidades para la gestión de los formularios, como mostrar un calendario, fecha, hora, etc. Por ejemplo, se incorpora la etiqueta <datalist>, la cual define una lista de opciones predefinidas para los controles de entrada en un documento web.

1.5 Funcionamiento del envío de un documento web

Todo comienza cuando el usuario accede a un navegador web como Google Chrome o Firefox, en el cual escribe una dirección web (www.miweb.com); esta petición se realiza vía internet. A continuación, esta petición se transforma en una solicitud de búsqueda dentro del servidor web, el cual aloja diferentes tipos de documentos web, pero, para este caso, se concentrará en los documentos de tipo HTML. Luego, estos son procesados e interpretados para pasar la información resultante al usuario que solicitó el servicio; se debe tener en cuenta que el acceso a internet es un elemento importante para dicho proceso.

Un documento web se compone de etiquetas HTML. Estas etiquetas tienen un patrón de funcionamiento y el mal uso de estas genera un error en la interpretación. Mientras no exista error el documento será mostrado al cliente no como etiquetas, sino como un documento web totalmente interactivo para el usuario.

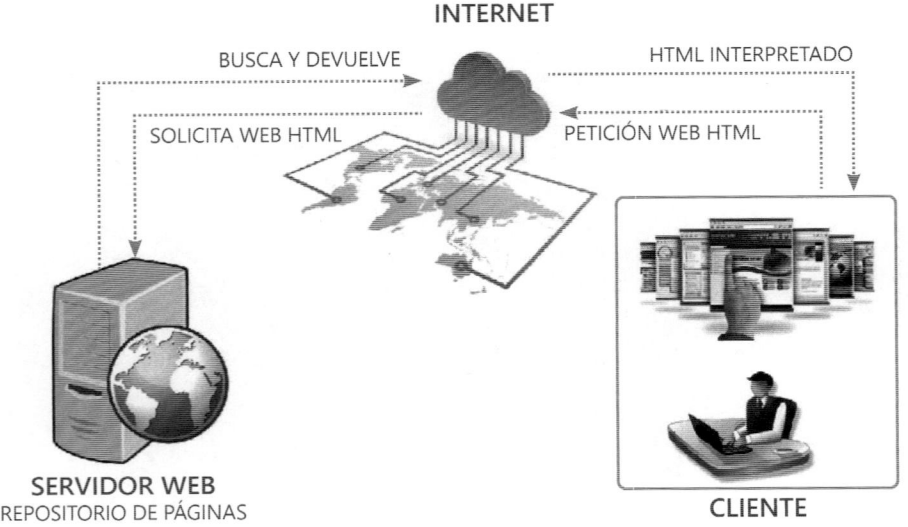

Figura 4. Funcionamiento de un documento web

Fuente: Elaboración propia

```html
<!DOCTYPE html>
<html lang="es">
  <head>
    <title>Título de la WEB</title>
    <meta charset="UTF-8">
  </head>
  <body>
    <header>
      <h1>Título de la WEB</h1>
    </header>
    <nav>
      <a href="seccion1.html">SECCIÓN 1</a>
      <a href="seccion2.html">SECCIÓN 2</a>
    </nav>
    <section>
      <article>
        <h2>A producto designer with</h2>
        <p>passion to web</p>
      </article>
    </section>
    <footer>
      <h4>Todos los derechos reservados</h4>
    </footer>
  </body>
</html>
```

A **product designer** with passion to web

1.6 Navegadores web (sitemap)

Es un programa que tiene como finalidad acceder a la web a petición de los usuarios. Este interpreta la información que se encuentra dentro de los diferentes archivos alojados en un servidor web para que puedan ser visualizados.

Normalmente, los documentos web se encuentran alojados en un repositorio dentro de un servidor web, y solo podrán ser accedidos mediante un navegador web. Dichos documentos son también llamadas a las páginas web y contienen enlaces que dirigen mediante un texto o una imagen a otro documento web; a este proceso se le llama navegación.

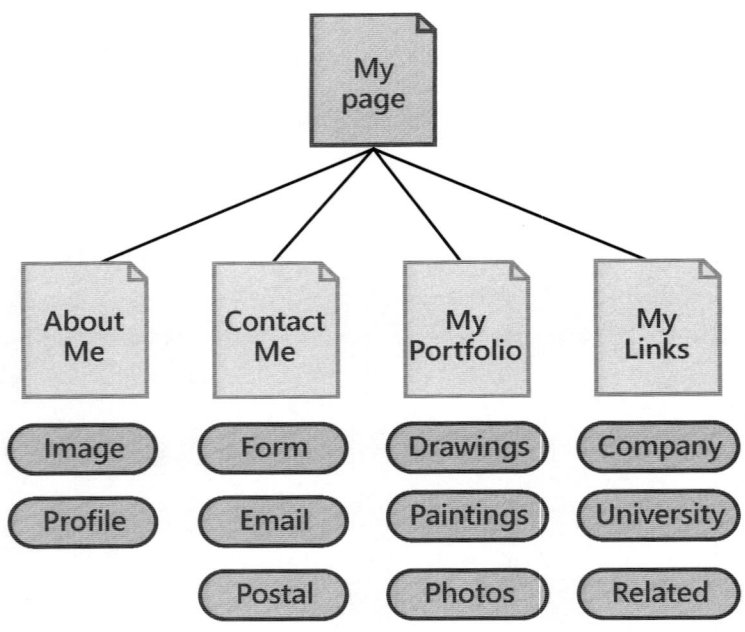

Figura 5. Mapa de sitio web

Fuente: https://paginasweb.pe/sitemap/

A continuación, se nombrarán los principales navegadores web:

NAVEGADOR	DESCRIPCIÓN
	Lanzado en el año 2008, es uno de los navegadores más usados y con un rápido crecimiento gracias a la alianza con Google y su sistema de publicidad, muy bien implementado. Entre las ventajas que presenta Chrome se tiene: • La compatibilidad que tiene con diferentes sistemas operativos como Windows, Ubuntu, Debian, Chrome OS, entre otros; así como también en sistemas operativos móviles como Android y iOS. • La seguridad que tiene, realiza una lista negra donde registra sitios web que contienen software dañino y, a partir de esta, le advierte al usuario. • La estabilidad en sus procesos se debe a la arquitectura de multiproceso que posee; es decir, si uno de los procesos entra en conflicto se cierra dicho proceso, pero los demás siguen activos. • La privacidad en su modo incógnito hace que el navegador no registre ninguna actividad y borre las cookies usadas. • La instalación de plugins de terceros permite una mayor personalización del navegador, además de que no requiere reiniciar después de instalar.
	Es considerado el navegador de software libre desarrollado por la empresa Mozilla. Cuenta con todas las características que debe poseer un navegador web, así como la seguridad y la personalización a partir de plugins de terceros. Por otro lado, también trabaja con diferentes sistemas operativos de plataforma como móviles. Mejora su aspecto en el rediseño de la interfaz, reduce el uso de lamemoria y amplía la integración con las redes sociales mediante una API.

 Es considerado uno de los navegadores web más seguros, estables y rápidos entre sus competidores. Presenta cierta compatibilidad con diferentes sistemas operativos. Desarrollado por la compañía Opera Software, posee ciertas características que lo diferencia de otros navegadores:

- Administra y gestiona los correos electrónicos.
- Descarga archivos mediante torrent.
- Tiene un cliente IRC para realizar conversiones en tiempo real.
- Permite la lectura actualizada de RSS.

Ofrece un sistema de seguridad avanzado con tecnologías antimalware, antiphishing y cifrado de datos. Asimismo, administra los archivos tipo cookies, geolocalización y contraseñas, y elimina los necesarios para la protección de la información.

1.7 Determinar si mi navegador está preparado para HTML5

Hasta ahora se han estudiado algunas características que presentan los navegadores web, pero lo que realmente se necesita es analizar si estos navegadores usan todas las posibilidades que tiene HTML5. Para comprobar esto se deben seguir los siguientes pasos:

1. Acceda al navegador.

2. Escriba la siguiente URL: https://html5test.opensuse.org/

3. Analice los resultados.

A continuación, se mostrará la prueba desde el navegador Opera. Para esta prueba se muestra un valor de 536 puntos según el test de evaluación sobre el uso de todos los recursos que presenta HTML5 frente a Opera.

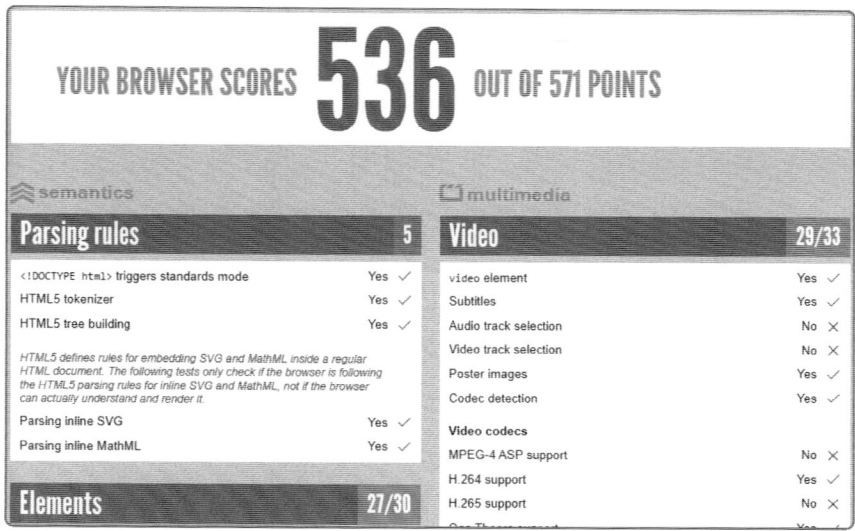

Figura 6. Test aplicado a Opera

Fuente: Elaboración propia

A continuación, se mostrará la prueba desde Google Chrome. Para esta prueba se muestra un valor de 538 puntos según el test de evaluación sobre el uso de todos los recursos que presenta HTML5 frente a Google Chrome.

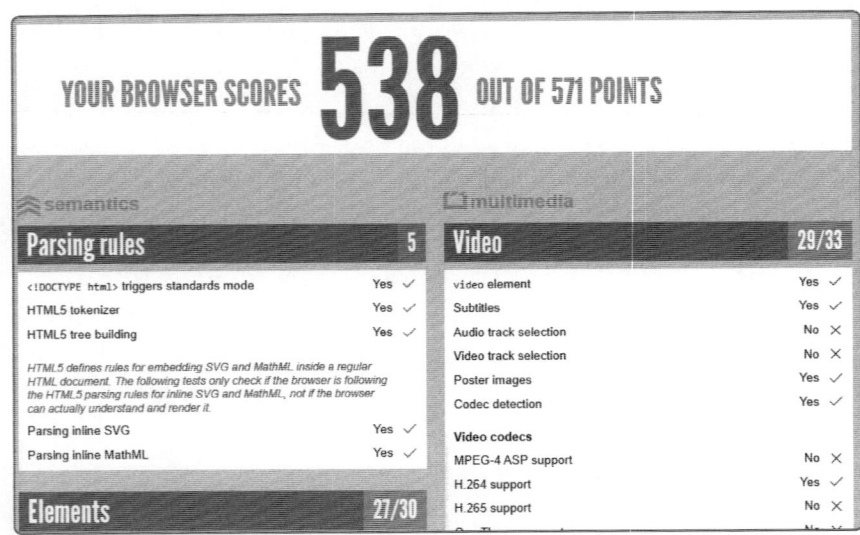

Figura 7. Test aplicado a Google Chrome

Fuente: Elaboración propia

Asimismo, se mostrará la prueba desde Firefox. Para esta prueba se muestra un valor de 522 puntos según el test de evaluación sobre el uso de todos los recursos que presenta HTML5 frente a Firefox.

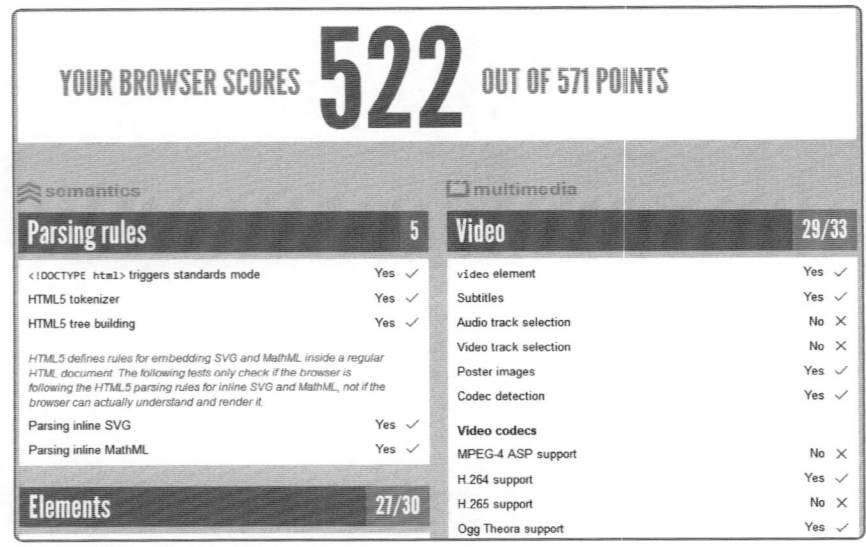

Figura 8. Test aplicado a Firefox

Fuente: Elaboración propia

Descripción de los paneles mostrados en el test.

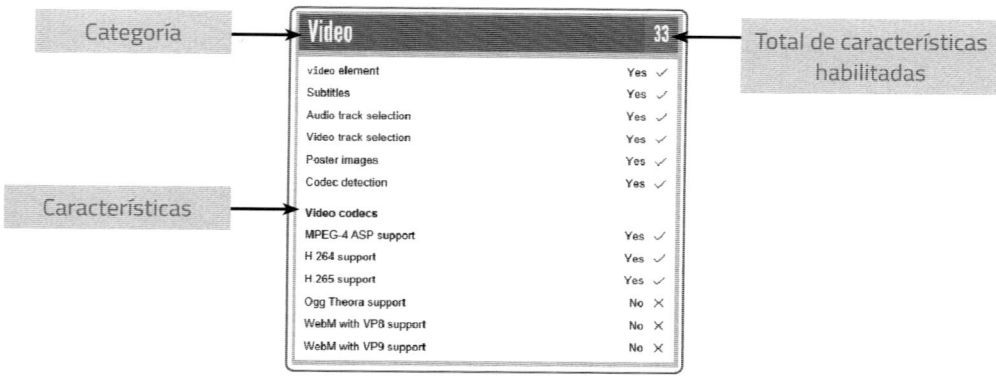

Figura 9. Panel del Test HTML5

Fuente: Elaboración propia

1.8 Editores HTML

Se le llama editor HTML a una aplicación que permite crear documentos web con extensión HTML. Se debe considerar que existen tres tipos de editores:

a. **Simple:** se caracteriza por presentar un aspecto simple de edición sin formato. El diseño de un documento web se debe realizar solo por códigos, por lo que aquí se requiere un poco más de esfuerzo por parte del diseñador web.

b. **Con ventanas:** se caracterizan por desarrollar el código en un área de trabajo y poder visualizar el resultado en otra área de la misma aplicación, todo esto en tiempo real.

c. **WYSIWYG:** se caracterizan por implementar un documento web de forma que puedan comprender los editores más complejos, en los que el usuario va colocando distintos elementos en una página y el propio software se encarga de generar el documento HTML. En la actualidad, existen numerosos editores de páginas web. Sin embargo, en ocasiones, es difícil encontrar el editor que se adapte a las necesidades propias de cada desarrollador o diseñador. A continuación, se enumeran los mejores editores de páginas web que existen en este momento.

A. NotePad++

Se analizará cómo implementar una aplicación básica HTML5 usando la aplicación NotePad++, la cual se puede descargar gratuitamente desde la siguiente dirección: **https://notepad-plus-plus.org/downloads/v8.6.2/**

Pasos:

1. Entre a la aplicación haciendo clic en su icono.

2. Pegue el siguiente código:

```html
<!doctype html>
<html>
<head>
    <meta charset="uft-8"/>
    <title>HTML 5</title>
</head>
<body>
    <h1>DESARROLLO WEB</h1>
    HTML 5 - Editorial MACRO
</body>
</html>
```

3. Luego, guarde el código **Archivo > Guardar como...** y asigne un nombre. Para este caso será "prueba1_notepad.html". Este proceso hace que las etiquetas HTML tengan un determinado color dentro del editor con la finalidad de diferenciarlos.

4. El entorno debe mostrarse de la siguiente manera:

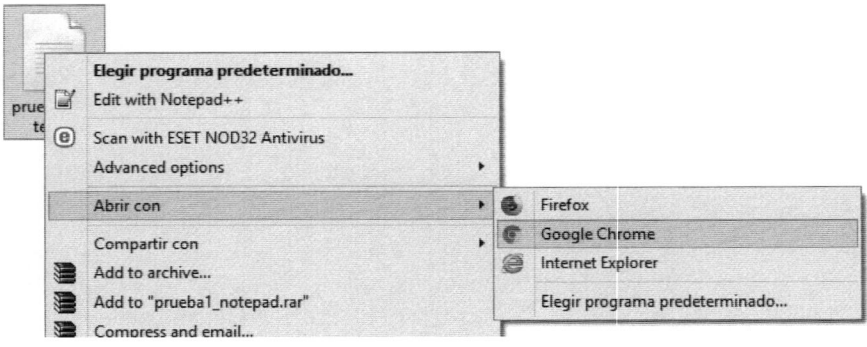

Figura 10. Entorno NotePad++ --

5. Para visualizar el resultado del código, primero debe elegir un navegador web. Para este caso elija a Google Chrome. Haga clic derecho sobre el archivo web **HTML** y seleccione **Abrir con > Google Chrome**, tal como se muestra en la siguiente imagen:

6. Finalmente, el documento se mostrará de la siguiente manera:

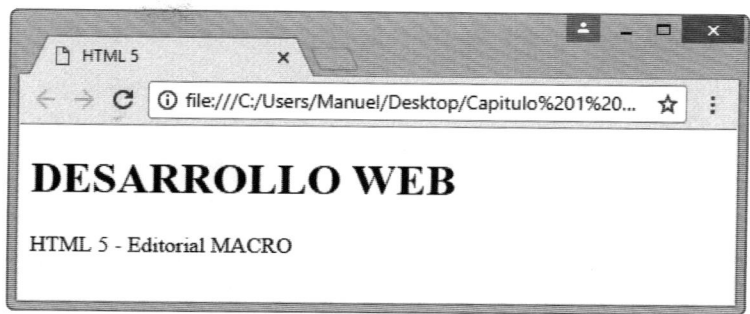

B. Sublime Text 3

Se analizará cómo implementar una aplicación básica HTML5 usando Sublime Text 3, el cual se puede descargar gratuitamente desde la siguiente dirección: **https://www.sublimetext.com/3**

Para ello, siga los siguientes pasos:

1. Entre a la aplicación haciendo clic en su icono.

2. Pegue el siguiente código:

```
<!doctype html>
<html>
<head>
    <meta charset="uft-8"/>
    <title>HTML 5</title>
</head>
<body>
    <h1>DESARROLLO WEB</h1>
    HTML 5 - Editorial MACRO
</body>
</html>
```

3. Luego, guarde el código **File > Save as...** y asigne un nombre. Para este caso será "prueba2_sublime.html".

4. El entorno debe mostrarse de la siguiente manera:

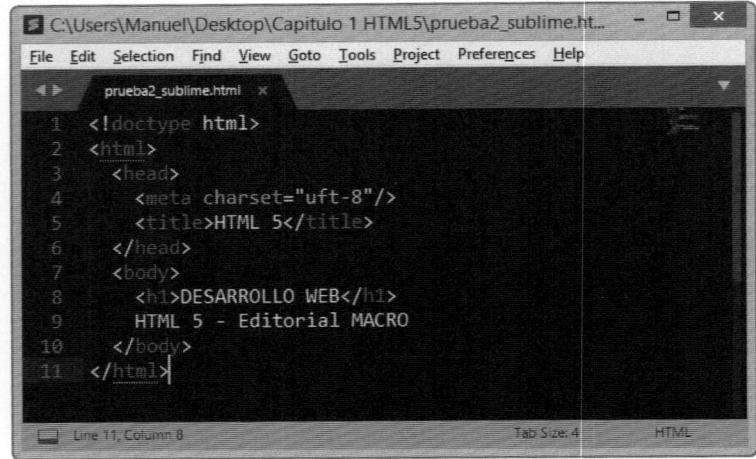

Figura 11. Entorno Sublime

5. Para visualizar el resultado del código, primero se debe elegir un navegador web. Para este caso elija a Google Chrome. Haga clic derecho sobre el archivo web **HTML** y seleccione **Abrir con > Google Chrome**, tal como se muestra en la siguiente imagen:

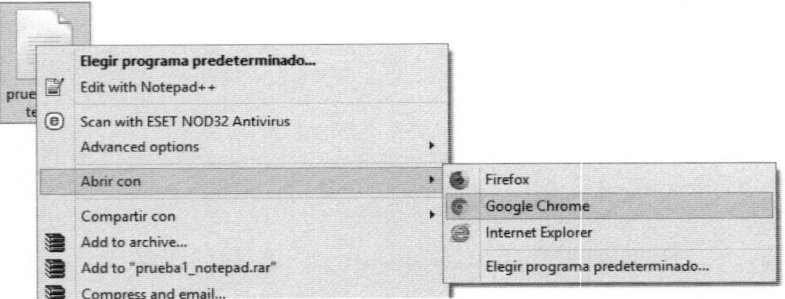

6. Finalmente, el documento se mostrará de la siguiente manera:

C. Netbeans 8.2

Se analizará cómo implementar una aplicación básica HTML5 usando la aplicación Netbeans 8.2, la cual se puede descargar gratuitamente desde la siguiente dirección: **https://code.visualstudio.com/download**

Pasos:

1. Entre a la aplicación haciendo clic en su ícono.

2. Cree una carpeta y asóciela a Visual Code.

3. Luego, seleccione **File > New Text File** y asigne un nombre con la extensión html.

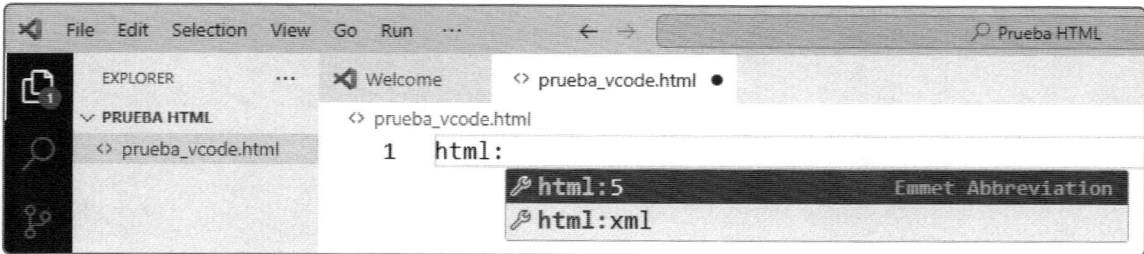

Figura 12. Entorno Visual Code

4. Luego, escriba la palabra html:5, presione **ENTER** y se autocompletará el encabezado del HTML5 como se muestra en la siguiente imagen:

```
1   <!DOCTYPE html>
2   <html lang="en">
3   <head>
4       <meta charset="UTF-8">
5       <meta name="viewport" content="width=device-width, initial-scale=1.0">
6       <title>Document</title>
7   </head>
8   <body>
9
10  </body>
11  </html>
```

Figura 13. Entorno Visual Code

5. Para visualizar el resultado del código, primero se debe elegir un navegador web. Para este caso elija a Google Chrome. Haga clic derecho sobre el archivo web **HTML** y seleccione **Abrir con > Google Chrome**, tal como se muestra en la siguiente imagen:

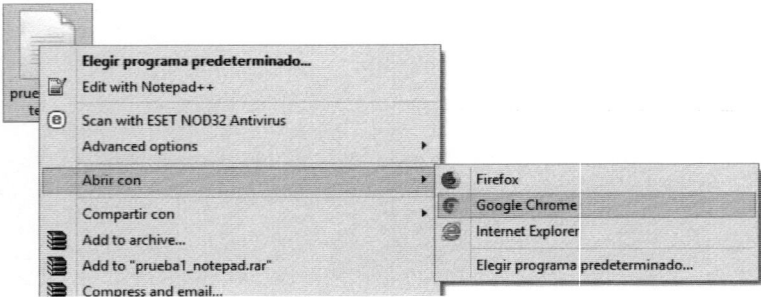

1.9 Comprendiendo la URL

También es llamada Localizador Uniforme de Recursos, y permite al navegador encontrar una dirección web en la internet. La URL se compone de un nombre del servidor, probablemente la carpeta donde se encuentra el documento web a visualizar, el nombre del archivo web y el protocolo a usar para recuperar los datos.

Figura 14. Partes de la URL

Fuente: Elaboración propia

Donde:

- **http:** es un protocolo de comunicación entre el navegador y el servidor web; este define un conjunto de reglas para que el navegador y el servidor se comuniquen con claridad. También se puede usar:

    - **https:** proporciona comunicaciones seguras en internet.

    - **ftp:** protocolo de transferencia de archivos.

    - **mailto:** destinado para direcciones email.

    - **file:** destinado para recursos disponibles en el ordenador o una red local.

- **www:** es el sistema de documentos de hipertexto que se encuentran enlazados entre sí y a los que se accede por medio de Internet.

- **com:** es conocida como la extensión del dominio, el cual se clasifica en genéricos (.com, .net, .org, .info, .biz) y geográficos (.pe, .es, .jp, .fr, .us, etc).

- **Directorio:** son carpetas que permiten la organización de un proyecto web, algunas veces recibe el nombre de sitio web. Hay un lugar llamado "Directorio principal" que permite alojar todos los archivos de un proyecto web, inclusive más directorios.

- **lista.html:** es el nombre del documento web que se presentará en el navegador; por defecto el nombre es index.html, pero se puede asignar el nombre según la necesidad de la aplicación.

1.10 Creando un proyecto web con Visual Code

Se debe tener en cuenta que todo el código HTML5 generado en este material será implementado con Visual Code. Debido a esto se debe crear un proyecto viable desde Visual Code.

Pasos:

1. Cree una carpeta en cualquier unidad de su computadora.

2. Inicialmente Visual Code debe mostrarse de la siguiente manera:

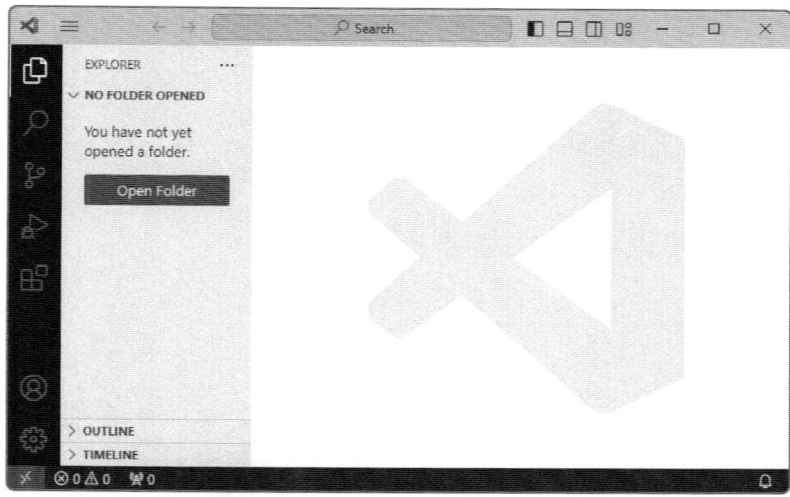

Figura 15. Entorno inicial de Visual Code

3. Desde el entorno de Visual Code debe seleccionar la carpeta creada en el paso 1. Para esto debe presionar el botón **Open Folder** o **File > Open Folder...**

4. El entorno debe mostrarse de la siguiente manera:

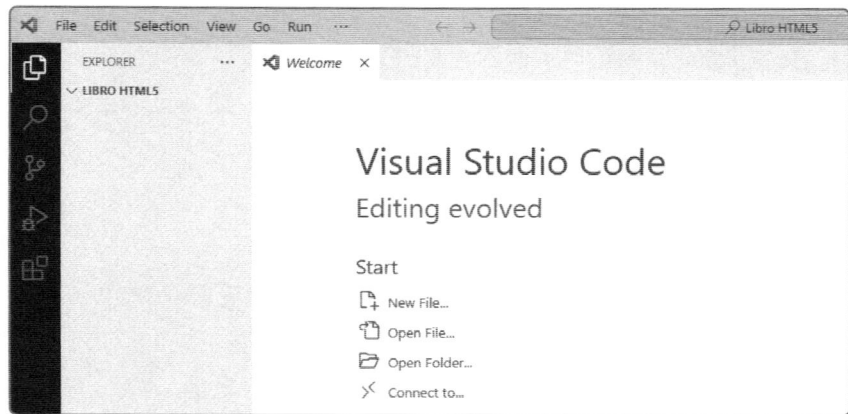

Figura 16. Entorno inicial de Visual Code

5. Se recomienda hacer uso de carpetas para una mejor organización de sus proyectos, para esto, desde la ventana **EXPLORER** debe seleccionar **New Folder...** y asignar nombres como "css" para las hojas de estilo y "img" para las imágenes que se usarán en el proyecto web.

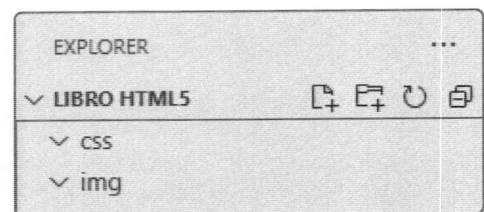

6. Se deben agregar archivos de tipo HTML, CSS y colocar las imágenes en el proyecto. Para las imágenes solo se deben copiar las de tipo JPG o PNG directamente en la carpeta del proyecto, y esto se actualizará en el **EXPLORER** del Visual Code.

7. Con respecto a los archivos de tipo CSS se debe hacer clic derecho sobre la carpeta "CSS" y seleccionar **New>File** y asignar un nombre con extensión css en minúsculas y sin espacios en blanco.

8. Finalmente, con respecto a los archivos de tipo HTML, se debe seleccionar la carpeta del proyecto o hacer clic en un espacio vacío del **EXPLORER**, seleccionar **New File...** y colocar el nombre "index.html" como primera web del proyecto.

1.11 Caso desarrollado: Proyecto lavandería

Implemente un archivo web con HTML5 que muestre el siguiente diseño:

Figura 17. Index.html

Consideraciones:

    a. Use como servidor a XAMPP.

    b. Use como editor HTML a Visual Code.

Pasos:

1. Acceda a Visual Code.

2. Cree una carpeta llamada "Proyecto lavandería".

3. **File > Open Folder** y seleccione la carpeta.

4. Agregue las carpetas "img" y "css". Asimismo, debe agregar los archivos **miestilo.css** en la carpeta **css**, colocar una imagen en la carpeta **img** y agregar el archivo **index.html** a la carpeta principal del proyecto, de tal forma que se visualice de la siguiente manera:

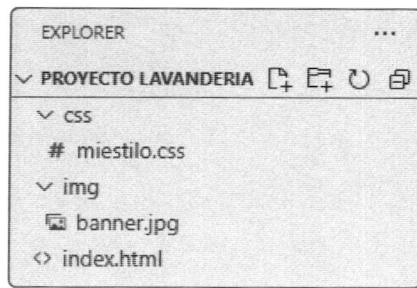

5. Finalmente, pegue el siguiente código dentro de los archivos:

Index.html

```html
<!DOCTYPE html>
<html lang="en">
<head>
  <meta charset="UTF-8">
  <meta name="viewport" content="width=device-width, initial-scale=1.0">
  <title>Document</title>
  <link rel="stylesheet" type="text/css" href="css/miestilo.css">
</head>
<body>
  <figure>
    <img id="banner" src="img/banner.jpg" alt="">
  </figure>
  <section>
    <p class="titulo">LAVANDERÍAS<span style="font-weight: 100;">
                Rápidas</span> DE CALIDAD</p>
    <br><br><p class="subtitulo">Trabajamos por ti mientras te
      <span style="font-weight: bold;">RELAJAS..!!</span></p>
  </section>
</body>
</html>
```

miestilo.css

```css
* {
  margin: 0;
  padding: 0;
}

body {
  width: 1024px;
  margin: auto;
  padding: 0;
}
#banner {
  width: 1024px;
  height: auto;
  background-color: #3498db;
  border-radius: 10px;
}

.titulo {
  font-family: Verdana, Geneva, Tahoma, sans-serif;
  font-weight: bold;
  font-size: 30px;
  position: relative;
  float: left;
  color: black;
  left: 10px;
}
.subtitulo {
  font-family: Verdana, Geneva, Tahoma, sans-serif;
  font-weight: 100;
  font-size: 20px;
  position: relative;
  float: left;
  color: black;
  left: 10px;
}
```

6. Ejecute la aplicación abriendo el archivo **index.html** desde cualquier navegador.

Capítulo 2

Estructurando documentos para la web

2.1 Estructura de una etiqueta HTML5

HTML5 es un lenguaje de marcas, también llamadas etiquetas, que está compuesto por un conjunto de elementos que son la base de su estructura. En el diseño de un documento web se pueden encontrar párrafos, vídeos, imágenes, enlaces y elementos adicionales como Javascript, y todos ellos son controlados mediante etiquetas. La composición de un elemento web es la siguiente:

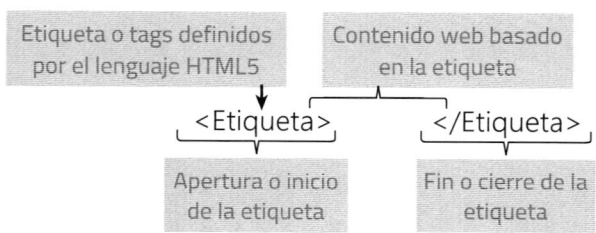

Figura 1. Composición de un elemento web

Fuente: Elaboración propia

A. Características de las etiquetas

a. Las etiquetas están estandarizadas por la W3C y, por lo tanto, la especificación formal se encuentra en su web oficial.

b. No hay distinción entre mayúsculas ni minúsculas. Eso quiere decir que una etiqueta escrita en mayúscula o minúscula será interpretada de la misma forma por el navegador.

c. Normalmente se usan dos etiquetas: una de inicio y otra de fin. Esta última usa una barra inclinada para diferenciarla de la otra.

d. Las etiquetas obsoletas que no han sido deshabilitadas por los navegadores web se siguen usando en HTML5.

B. Ejemplos de etiquetas

a. <h1> Web HTML5 </h1>

Muestra el texto "Web HTML5" al estilo de título 1 con el siguiente resultado:

Web HTML5

b. <p>Lenguaje de Etiquetas HTML5</p>

Muestra el párrafo "Lenguaje de Etiquetas HTML5" con el siguiente formato: Lenguaje de Etiquetas *HTML5*.

C. Etiquetas con elementos

También existen algunas etiquetas que tienen elementos que permiten configurar el resultado del elemento web.

A continuación, se mostrarán algunos ejemplos de etiquetas con elementos:

a. <img src="html5.png" alt="html5">

Muestra la imagen **html5.png** gracias a la especificación del archivo en el atributo SRC, mientras que el atributo **alt** especifica el mensaje "html5" al posicionar el ratón por encima de la imagen.

b. <a href="http://www.html5.com"><img src="html5.png"></a>

Muestra una imagen que contiene un hipervínculo de una página web, es decir, al seleccionar la imagen esta se enlaza a una URL.

2.2 Elementos que cambian su significado

En HTML5 se han reacomodado la funcionalidad de unas pocas etiquetas, la gran mayoría de ellas funciona como en las versiones anteriores.

A continuación, se mostrará la lista de las etiquetas que han cambiado su funcionalidad:

A. Etiqueta <small>

En HTML5 la etiqueta <small> se usará para referenciar a condiciones legales, información de copyright, etc.

A continuación, se mostrará su uso en HTML5.

```
<!DOCTYPE html>
<html>
    <head>
        <title>Manejo de SMALL</title>
        <meta charset="UTF-8">
        <meta name="viewport" content="width=device-width, initial-scale=1.0">
    </head>
    <body>
        <small>
```

```
            Todos los derechos reservados Copyright @2025.
        </small>
    </body>
</html>
```

El navegador lo muestra de la siguiente manera:

Todos los derechos reservados Copyright @2025.

B. Etiqueta <b>

En HTML5 la etiqueta <b> se empleará cuando se desee resaltar algún aspecto de un párrafo. La norma indica que la etiqueta <b> debe usarse como último recurso y que se debe preferir emplear los encabezados (h1...h6), el elemento <em>, <strong> o <mark> en función del tipo de información que se desea resaltar.

A continuación, se mostrará su uso en HTML5:

```
<!DOCTYPE html>
<html>
    <head>
        <title>Manejo de SMALL</title>
        <meta charset="UTF-8">
        <meta name="viewport" content="width=device-width, initial-scale=1.0">
    </head>
    <body>
        <p>
            Favor de compartir esta información con su <b>equipo de trabajo</b>
            y consultar en el servidor las estadísticas de notas para detectar
            las secciones que se encuentren con bajo rendimiento y puedan
            reforzar los temas.
        </p>
    </body>
</html>
```

El navegador lo muestra de la siguiente manera:

Favor de compartir esta información con su **equipo de trabajo** y consultar en el servidor las estadísticas de notas para detectar las secciones que se encuentren con bajo rendimiento y puedan reforzar los temas.

C. Etiqueta <i>

En HTML5 la etiqueta <i> permite aplicar el estilo cursiva a un texto. Por ejemplo: un nombre propio, una frase en otro idioma, una idea o un pensamiento.

A continuación, se mostrará su uso en HTML5:

```
<!DOCTYPE html>
<html>
    <head>
        <title>Manejo de SMALL</title>
        <meta charset="UTF-8">
        <meta name="viewport" content="width=device-width, initial-scale=1.0">

    </head>
    <body>
        <p>
            Les invitamos a participar en la <i>Serie de Webinars sobre Enseñanza
            y Aprendizaje en Educación Superior</i>, donde se presentarán 6
            Webinars (4 en español, 1 en portugués y 1 en inglés) que, estamos
            seguros, serán de mucho interés para su futuro profesional.
        </p>
    </body>
</html>
```

El navegador lo muestra de la siguiente manera:

Les invitamos a participar en la *Serie de Webinars sobre Enseñanza y Aprendizaje en Educación Superior*, donde se presentarán 6 Webinars (4 en español, 1 en portugués y 1 en inglés) que, estamos seguros, serán de mucho interés para su futuro profesional.

D. Etiqueta <s>

En HTML5, la etiqueta aplica tachado a un texto, el cual indicará que un párrafo que ya no es relevante o fiable.

A continuación, se mostrará su uso en HTML5:

```
<!DOCTYPE html>
<html>
    <head>
        <title>Manejo de SMALL</title>
        <meta charset="UTF-8">
        <meta name="viewport" content="width=device-width, initial-scale=1.0">
    </head>
    <body>
        <p>Contáctenos</p>
        <p><s>Teléfono anterior: (511) 512-0000</s></p>
        <p><strong>Teléfono nuevo:  (01) 544-0000</strong></p>
    </body>
</html>
```

El navegador lo muestra de la siguiente manera:

Contáctenos

~~Teléfono anterior: (511) 512-0000~~

Teléfono nuevo: (01) 544-0000

E. Etiqueta <style>

En HTML5 la etiqueta <style> permite asignar un estilo a un determinado contenido. Esto ya no es recomendable, ya que se sugiere realizarlo mediante enlaces a archivos CSS. Solo en situaciones excepcionales se podrán aplicar estilos a los elementos utilizando su atributo <style>.

A continuación, se mostrará su uso en HTML5:

```
<!DOCTYPE html>
<html>
    <head>
        <title>Manejo de SMALL</title>
        <meta charset="UTF-8">
        <meta name="viewport" content="width=device-width, initial-scale=1.0">
        <style>
            body {
                color: white;
                background-color:red;}
        </style>
    </head>
    <body>
        <p>Manejo de Estilos</p>
    </body>
</html>
```

El navegador muestra de color rojo el fondo y las letras de color blanco:

Manejo de Estilos

2.3 Los atributos de una etiqueta HTML5

Es importante diferenciar que muchas de las etiquetas de HTML5 presentan opciones estándar que dan la sensación de estar predefinidas, pero hay otras que necesitan una especificación. Por ejemplo, en la etiqueta <image> no solo se debe definir el nombre del archivo a mostrar, sino también el tamaño de la imagen, tipo, etc.

Los componentes de un atributo son los siguientes:

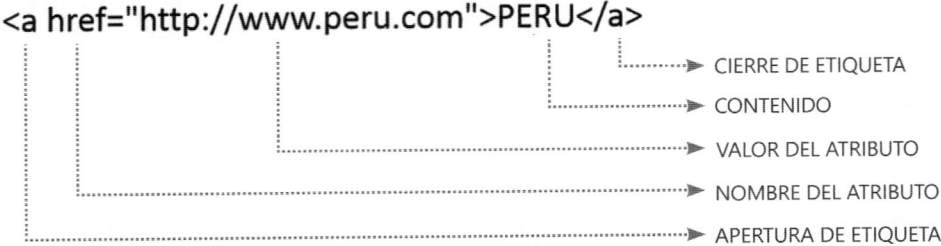

A continuación, verá cómo mostrar una imagen en un documento web especificando el alto y ancho del mismo:

```html
<!DOCTYPE html>
<html>
    <head>
        <title>Manejo de atributos</title>
        <meta charset="UTF-8">
        <meta name="viewport" content="width=device-width, initial-scale=1.0">
    </head>
    <body>
        <img src="imagen/bandera.jpg" width="259" height="194">
    </body>
</html>
```

Se debe tener en cuenta que las imágenes que se usen dentro de un proyecto web deben estar separadas del documento web. Se recomienda crear una carpeta de imágenes que permita organizar el proyecto de la mejor manera. Por otro lado, al hacer referencia a la imagen se deberá colocar el directorio de origen. Opcionalmente se puede especificar el tamaño de la imagen mediante el atributo **width** y **height**.

2.4 Identificación de los atributos en una etiqueta HTML5

A continuación, se mostrará la descripción de los atributos pertenecientes a las etiquetas HTML5.

A. Atributo id

Permite asignar un identificador único a un elemento contenido en el script de una página web, el cual es analizado por el Standard Generalized Mark-up Language "SGML".

Por ejemplo, se puede usar el atributo id para distinguir las características de dos párrafos:

```html
<p id="correo">mtorres@gmail.com</p>
<p id="telefono">982-565425</p>
```

Para entender mejor por qué se le asigna un identificador único a cada elemento HTML5 se hará un listado de los usos que se le puede dar. El identificador se puede usar para lo siguiente:

   a. Como selector para las hojas de estilo CSS.

   b. Como destino para vínculos de hipertexto.

c. Como medio para hacer referencia a un elemento en particular desde un script.

d. Como nombre de un elemento <object> implementado por un lenguaje de programación.

Ahora, se mencionarán algunas recomendaciones en el momento de definir el atributo id:

a. Todo nombre de identificador debe empezar con una letra seguida de más caracteres, e inclusive números.

b. No está permitido el uso de caracteres especiales en el nombre del identificador a excepción del guion bajo (_).

c. Los caracteres aceptados son las letras A...Z, a...z, los números enteros y la combinación de ellos.

d. Los nombres de los identificadores deben ser únicos por página.

A continuación, se mostrará cómo aplicar el color azul a la especificación de correo electrónico y de color rojo a la especificación de teléfono. Primero, se debe colocar el siguiente código CSS en el archivo estilos.css:

```css
#correo {
    color: blue;
}

#telefono {
    color: red;
}
```

En el documento web se debe usar de la siguiente manera:

```html
<!DOCTYPE html>
<html>
 <head>
   <title>Manejo de SMALL</title>
   <meta charset="UTF-8">
   <link href="estilos.css" rel="stylesheet" type="text/css"/>
   <meta name="viewport" content="width=device-width,initial-scale=1.0">
 </head>
 <body>
   <p id="correo">mtorres@gmail.com</p>
   <p id="telefono">982-565425</p>
 </body>
</html>
```

B. Atributo class

Permite asignar un nombre de clase a un elemento web. Se puede decir que el elemento web pertenece a esta clase. El atributo class se puede usar como selector para las hojas de estilo, especialmente cuando se desea asignar información de estilo a un conjunto de elementos web.

A continuación, se mostrará cómo aplicar el color verde al texto de tipo informativo, azul al texto de tipo advertencia y color rojo al texto de error. Primero se debe colocar el siguiente código CSS en el archivo estilos.css:

```
p.info         { color: green }
p.advertencia  { color: blue }
p.error        { color: red }
```

En el documento web se debe usar de la siguiente manera:

```
<!DOCTYPE html>
<html>
 <head>
   <title>Manejo de CLASS</title>
   <meta charset="UTF-8">
   <link href="estilos.css" rel="stylesheet" type="text/css"/>
   <meta name="viewport" content="width=device-width, initial-scale=1.0">
 </head>
 <body>
   <p class="info"> Mensaje de Información</p>
   <p class="advertencia"> Mensaje de Advertencia</p>
   <p class="error"> Mensaje de Error</p>
 </body>
</html>
```

C. Atributo title

Permite establecer un título para un elemento web, es decir, ofrece información consultiva sobre el elemento solo cuando se posiciona el ratón sobre el elemento.

A continuación, se mostrará cómo asignar un título a un enlace de correo electrónico. Al posicionar ratón encima del enlace se debe mostrar el mensaje "Contáctenos".

```
<!DOCTYPE html>
<html>
    <head>
        <title>Manejo de TITLE</title>
        <meta charset="UTF-8">
        <meta name="viewport" content="width=device-width, initial-scale=1.0">
    </head>
    <body>
        <address>
            <a href="mailto:servicioalcliente@macro.com"
               title="Contáctenos">Servicio al Cliente
            </a>
        </address>
    </body>
</html>
```

D. Atributo style

Permite habilitar una especificación CSS directamente sobre el elemento web. Se recomienda su uso en pequeñas especificaciones dentro del documento web.

A continuación, se mostrará cómo asignar el estilo directo sobre un elemento tipo párrafo con un tipo de letra "Tahoma", tamaño de letra 14 px y de color azul.

```
<!DOCTYPE html>
<html>
    <head>
        <title>Manejo de STULE</title>
        <meta charset="UTF-8">
        <meta name="viewport" content="width=device-width, initial-scale=1.0">
    </head>
    <body>
        <p style="font-family:'Tahoma'; font-size: 14px; color:blue">
            Uso del atributo Style
        </p>
    </body>
</html>
```

E. Atributo lang

Habilita la especificación del lenguaje contenido en un elemento web. El valor por defecto es "desconocido", ya que no se puede determinar cuál es el lenguaje que puede tener una página web.

A continuación, se mostrará cómo especificar el lenguaje EN para un párrafo en inglés y ES para uno en español:

```
<!DOCTYPE html>
<html>
  <head>
   <title>Manejo de SMALL</title>
   <meta charset="UTF-8">
   <meta name="viewport" content="width=device-width, initial-scale=1.0">
  </head>
  <body>
    <p lang="en">This is a paragraph in English.</p>
    <p lang="es">Este es un párrafo en español.</p>
  </body>
</html>
```

2.5 Estructura global de un documento web

2.5.1 Especificación DOCTYPE

La declaración DOCTYPE le informa al navegador con qué versión del lenguaje de marcación está escrita dicha página. Para hacer esto se basa en la especificación Document Type Definition, más conocida como DTD.

La DTD especifica las reglas usadas por el lenguaje de marcación, el HTML5 en este caso, para que los navegadores puedan presentar el contenido correctamente y entender los elementos que lo componen. A continuación, se mostrará una lista de definiciones anteriores al HTML5.

A. Doctype para la versión HTML 4.01 strict

```
<!DOCTYPE html PUBLIC "-//W3C//DTD HTML 4.01//EN"
        "http://www.w3.org/TR/html4/strict.dtd">
```

B. Doctype para la versión HTML 4.01 transitional

```
<!DOCTYPE html PUBLIC "-//W3C//DTD HTML 4.01 Transitional//EN"
        "http://www.w3.org/TR/html4/loose.dtd">
```

C. Doctype para la version HTML 4.01 frameset

```
<!DOCTYPE html PUBLIC "-//W3C//DTD HTML 4.01 Frameset//EN"
        "http://www.w3.org/TR/html4/frameset.dtd">
```

D. Doctype para la version HTML5

```
<!DOCTYPE html>
```

Como se puede ver, en HTML5 se reduce totalmente la especificación del DOCTYPE. Se debe tener en cuenta que en todas sus versiones esta siempre se escribe en mayúsculas.

2.5.2 Iniciando la estructura web con <html>

Representa la raíz de un documento web y se utiliza para indicar al navegador que el documento que se visualiza está realizado en el lenguaje HTML.

Es también la etiqueta raíz del resto de etiquetas del lenguaje, es decir, el resto de etiquetas del lenguaje HTML5 están contenidas dentro de ella. La única excepción es la etiqueta correspondiente al tipo de documento.

El formato inicial que debe contener un documento web con HTML5 es el siguiente:

```
<!DOCTYPE html>
<html lang="en">
<head>
  <meta charset="UTF-8">
  <meta name="viewport" content="width=device-width, initial-scale=1.0">
```

```
    <title>Document</title>
</head>
<body>

</body>
</html>
```

La etiqueta <html> indica el inicio desde el cual se podrá estructurar el documento web. Para indicar el final de la especificación se debe colocar el cierre de la etiqueta </html>.

2.5.3 Definición de cabecera con la etiqueta <head>

La etiqueta <head> permite definir la cabecera del documento web y, normalmente, contiene información que no es visible para el usuario. <head> pertenece a la estructura principal de un documento web y, por lo tanto, debe ser colocada antes de la etiqueta <body> y dentro de <html> o <!DOCTYPE html>. El formato completo de un documento web sería como se muestra en el siguiente script:

```
<!DOCTYPE html>
<html>
    <head>
        <meta charset="UTF-8">
    </head>
    <body>
    </body>
</html>
```

A continuación, se mostrará una lista de los elementos que puede contener la cabecera:

A. Etiqueta <title>

Permite definir el título del documento web, este será mostrado en la barra de título de la ventana que contiene al navegador.

```
<!DOCTYPE html>
<html>
    <head>
        <meta charset="UTF-8">
        <title>Desarrollo web con HTML5 y CSS3</title>
    </head>
    <body>
    </body>
</html>
```

B. Etiqueta <base>

Permite definir una dirección por defecto para la carga de todos los links que contiene un documento web. Por lo tanto, se debe especificar una sola vez por documento.

```
<!DOCTYPE html>
<html>
    <head>
        <meta charset="UTF-8">
        <base target="_blank" href="http://www.miservidor.com.pe" />
    </head>
    <body>
    </body>
</html>
```

C. Etiqueta <meta>

Establece una clasificación de las páginas web, en especial a la hora de ser buscado. Los metadatos tratan sobre el contenido de la web, la descripción de la misma, el autor, etc. Esto contribuye a que más gente encuentre la página por medio de metabuscadores como Google.

La información pueda ser extraída de forma automática por los principales robots, bases de datos e indexadores automáticos de páginas web de búsqueda que existen en internet. La etiqueta <meta> es una etiqueta vacía, es decir, comienza y termina en el mismo punto, por lo tanto, no hay que cerrarla con </meta>.

```
<!DOCTYPE html>
<html>
    <head>
        <meta charset="UTF-8">
        <meta name="author" content="Edit. Macro" lang="es">
        <meta name="description" content="Libro HTML5">
        <meta name="keywords" content="HTML5,CSS">
    </head>
    <body>
    </body>
</html>
```

- **name:** define el tipo de información que proporciona la etiqueta <meta>. Los valores más comunes son:

  - **Author:** habilita la asignación de información sobre el autor del documento web.

  - **Description:** permite que se pueda describir el contenido web.

  - **Keywords:** habilita el uso de palabras clave sobre el documento web.

  - **Robots:** posibilita la indexación de la página web. Presenta las siguientes opciones en su contenido: *Index* para indicar al robot de búsqueda que la página es un índice y la añada a la base de datos. *All*, que indica que se indexen todas las páginas web. Finalmente, *Follow*, que señala que se tienen que seguir todos los enlaces que están implementados en la página web. Por ejemplo, <meta name="robots" content="index,all,follow">.

- **content:** permite especificar el contenido según el tipo de información especificado en el atributo name.

- **lang:** permite configurar el idioma en un documento web. Por ejemplo: <meta name="author" content="Edit. Macro" lang="es">.

- **charset:** permite especificar la codificación de caracteres del documento, es decir, podrá habilitar el uso de las tildes y la letra ñ de acuerdo con nuestra región. Por ejemplo: <meta charset="utf-8" />.

D. Etiqueta <link>

Permite asociar la página web a un archivo externo. Es usada frecuentemente para los enlaces con archivos CSS.

Primero, se debe contar con un archivo llamado estilos.css, el cual contenga el siguiente código:

```
body {
    background-color:yellow;
}
p {
    color:blue;
}
```

Esto afectará al color de fondo del documento web y al color del párrafo que se muestre. Para esto se debe tener el siguiente código HTML:

```
<!DOCTYPE html>
<html>
    <head>
        <meta charset="UTF-8">
        <link href="estilos.css" rel="stylesheet" type="text/css"/>
    </head>
    <body>
        <p>Manejo de estilos CSS dentro del mismo documento</p>
    </body>
</html>
```

E. Etiqueta <style>

Permite implementar un conjunto de estilos que solo pueden ser usados dentro del mismo documento web.

```
<!DOCTYPE html>
<html>
    <head>
```

```
        <meta charset="UTF-8">
        <style type="text/css">
            body {
                background-color:yellow;
            }
            p {
                color:blue;
            }
        </style>
    </head>
    <body>
        <p>Manejo de estilos CSS dentro del mismo documento</p>
    </body>
</html>
```

2.5.4 Etiqueta <body>

La etiqueta <body> es un espacio de trabajo que contiene todo lo visible de un documento HTML hacia el usuario. Esto incluye textos, hipervínculos, imágenes, tablas, listas y todo lo que se pueda colocar en un documento web. La característica principal de la etiqueta <body> es que es compatible con todos los navegadores web actuales, y es seguro también con los que vengan.

La etiqueta <body> puede contener lo siguiente:

```
<!DOCTYPE html>
<html lang="en">
<head>
  <meta charset="UTF-8">
  <meta name="viewport" content="width=device-width, initial-scale=1.0">
  <title>Document</title>
</head>
<body>
  <!--
  - Elementos estándares HTML5 como párrafos, formularios, imágenes, tablas, lis-
  tas, etc.
  - Enlaces a otras páginas web.
  - Script de los Lenguajes de Programación como Java, ASP, PHP, etc.
  - Objetos incrustados como audios, vídeos YouTube, etc.
    -->
</body>
</html>
```

2.6 Caso desarrollado 1: Maquetación de un documento web HTML5 básico

Implemente una aplicación web con HTML5 que permita distribuir las etiquetas que componen el cuerpo del documento web usando estilos CSS. Se debe tener en cuenta la siguiente distribución de los elementos y el tamaño de cada uno, tal como se muestra en la siguiente imagen:

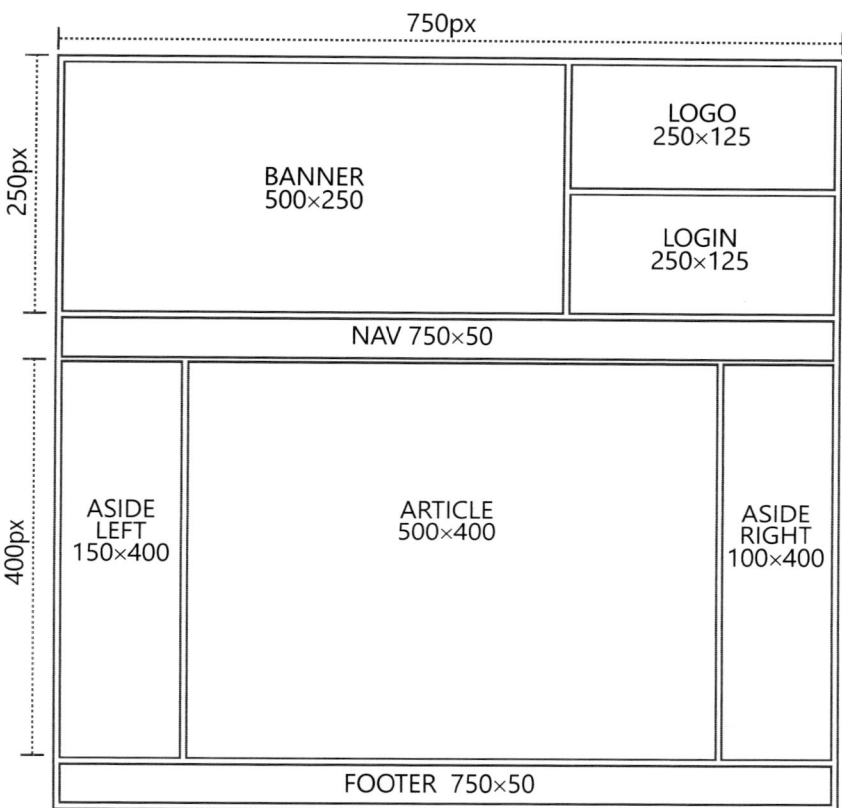

estilos.css

```
header{
    background-color: yellow;
    width: 750px;
    height: 250px;
}

nav{
    background-color: blue;
    width: 750px;
    height: 50px;
}

main{
    background-color: green;
```

```
        width: 750px;
        height: 400px;
    }

    footer{
        background-color: orange;
        width: 750px;
        height: 50px;
    }

    section#banner{
        background-color: red;
        width: 500px;
        height: 250px;
        float: left;
    }

    section#logo{
        background-color: gray;
        width: 250px;
        height: 125px;
        float: left;
    }

    section#login{
        background-color: magenta;
        width: 250px;
        height: 125px;
        float: left;
    }
    aside#left{
        background-color: purple;
        width: 150px;
        height: 400px;
        float: left;
    }

    aside#right{
        background-color: red;
        width: 100px;
        height: 400px;
        float: left;
    }

    article{
```

```
    background-color: lightblue;
    width: 500px;
    height: 400px;
    float: left;
}
```

index.html

```
<!DOCTYPE html>
<html>
    <head>
        <title>Maquetación Básica</title>
        <meta charset="UTF-8">
        <link href="css/estilos.css" rel="stylesheet" type="text/css"/>
        <meta name="viewport" content="width=device-width, initial-scale=1.0">
    </head>
    <body>
        <header>
            <section id="banner">BANNER</section>
            <section id="logo">LOGO</section>
            <section id="login">LOGIN</section>
        </header>
        <nav>BARRA DE MENU</nav>
        <main>
            <aside id="left">LADO IZQUIERDO</aside>
            <article>ARTICULO</article>
            <aside id="right">LADO DERECHO</aside>
        </main>
        <footer>PIE DEL DOCUMENTO</footer>
    </body>
</html>
```

2.7 Etiqueta <header>

La etiqueta <header> permite mostrar información de cabecera útil para un documento web o para las secciones que tenga. Eso quiere decir que no solo se usa para imprimir elementos en la parte superior del documento, sino que más bien es el encabezado de cualquier sección del documento.

A. Formato

```
<header>
    <!--contenido de la cabecera-->
</header>
```

B. Casos de uso

Normalmente se usa un <header> para lo siguiente:

a. Implementar encabezados en un documento web con las etiquetas H1-H6.

b. Mostrar títulos o subtítulos en un section, article, aside, footer, etc.

c. Mostrar imágenes como banner o logotipos.

d. Mostrar un menú de opciones.

C. Ejemplos

a. Implemente el siguiente encabezado usando estilos CSS:

Diseño Web con HTML5

Editorial MACRO

Debe tener en cuenta que el archivo estilo.css se encuentra dentro de una carpeta llamada "css".

El archivo estilo.css tiene el siguiente código:

```css
header {
    background: #333;
    height: 100px;

}

h1{
    font-family: tahoma;
    color: white;
    line-height: 60px;
    margin: 10px;
}

h4{
    font-family: tahoma;
    color: yellow;
    margin: 10px;
}
```

El documento index.html contiene el siguiente código:

```html
<!DOCTYPE html>
<html>
    <head>
        <meta charset="UTF-8">
        <link href="css/estilos.css" rel="stylesheet" type="text/css"/>
```

```
        <meta name="viewport" content="width=device-width, initial-scale=1.0">
    </head>
    <body>
        <header>
            <h1>Diseño Web con HTML5</h1>
            <h4>Editorial MACRO</h4>
        </header>
    </body>
</html>
```

b. Implemente el siguiente encabezado en el que se muestre la siguiente imagen:

Debe tener en cuenta que el archivo estilo.css se encuentra en una carpeta "css" dentro del proyecto web. Asimismo, la imagen se encuentra en la carpeta "img".

El archivo estilo.css tiene el siguiente código:

```
img {
    width: 750px;
    height: 120px;
}
```

El documento index.html contiene el siguiente código:

```
<!DOCTYPE html>
<html>
    <head>
        <meta charset="UTF-8">
        <link href="css/estilos.css" rel="stylesheet" type="text/css"/>
        <meta name="viewport" content="width=device-width, initial-scale=1.0">
    </head>
    <body>
        <header>
            <img src="img/banner_peru.jpg"/>
        </header>
    </body>
</html>
```

c. Implemente el siguiente encabezado en el que se muestre la siguiente imagen:

Debe tener en cuenta que el archivo estilo.css se encuentra dentro de una carpeta llamada "css".

El archivo estilo.css tiene el siguiente código:

```css
body {
    margin: 0;
    padding: 0;
    font-family: Helvetica, Arial, sans-serif;
    color: #666;
    background: #f2f2f2;
    font-size: 1em;
    line-height: 1.5em;
}

nav {
    float: right;
}
nav ul {
    margin: 0;
    padding: 0;
    list-style: none;
    padding-right: 20px;
}

nav ul li {
    display: inline-block;
    line-height: 40px;
}

nav ul li a {
    display: block;
    padding: 0 10px;
    text-decoration: none;
}

nav ul li a:hover {
    background: #0b76a6;
}
```

El documento index.html contiene el siguiente código:

```
<!DOCTYPE html>
<html>
    <head>
        <meta charset="UTF-8">
        <link href="css/estilos.css" rel="stylesheet" type="text/css"/>
        <meta name="viewport" content="width=device-width, initial-scale=1.0">
    </head>
    <body>
        <header>
            <nav>
                <ul>
                    <li><a href="principal.html">Principal</a></li>
                    <li><a href="quienes.html">Quiénes somos</a></li>
                    <li><a href="contacto.html">Contactos</a></li>
                </ul>
            </nav>
        </header>
    </body>
</html>
```

2.8 Etiqueta <section>

El uso de la etiqueta <section> agrupa elementos según su contenido y forma, como su nombre lo indica, en una sección. Asimismo, crea bloques a partir de diferentes elementos, los cuales pueden incluir un encabezado y un pie.

A. Formato

```
<section>
    <!-- contenido de section -->
</section>
```

B. Principales características

a. Un documento web podría dividirse en secciones para un listado de noticias, información de contactos, etc.

b. Es importante confirmar que todo lo que se encuentre dentro de una etiqueta <section> tenga relación.

c. Se usa para crear contenidos independientes dentro de un documento web.

C. Ejemplos

a. Implemente la siguiente sección dentro de un documento web haciendo uso de CSS para el formateo de los textos. Asimismo, la sección debe tener un ancho de 400 px.

Manejo de SECTION

¿Cómo se usa?

El uso de la etiqueta Section agrupa elementos según su contenido y forma, como su nombre lo indica, en una sección. Asimismo, crea bloques a partir de diferentes elementos, los cuales pueden incluir un encabezado y un pie.

El documento estilo.css contiene el siguiente código:

```css
/* Estilo de Fondo */
body {
    background: #d3d3d3;
    font-size: 100%;
    margin: 10px;
    font-family:tahoma;
    color: #444;
}
/* Estilo para la sección */
section{
    max-width:400px;
}
```

El documento index.html contiene el siguiente código:

```html
<!DOCTYPE html>
<html>
    <head>
        <meta charset="UTF-8">
        <link href="css/estilos.css" rel="stylesheet" type="text/css"/>
        <meta name="viewport" content="width=device-width, initial-scale=1.0">
    </head>
    <body>
        <section>
            <header>
                <h1>Manejo de SECTION</h1>
            </header>
            <article>
                <h2>¿Cómo se usa?</h2>
                <p>
        El uso de la etiqueta Section agrupa elementos según su contenido y forma,
como su nombre lo indica, en una sección. Asimismo, crea bloques a partir de dife-
rentes elementos, los cuales pueden incluir un encabezado y un pie.
                </p>
            </article>
        </section>
    </body>
</html>
```

b. Implemente la siguiente sección dentro de un documento web en el cual se muestren textos divididos en tres secciones del mismo tamaño.

Manejo de SECTION

¿Cómo se usa?

El uso de la etiqueta Section agrupa elementos según su contenido y forma, como su nombre lo indica, en una sección. Asimismo, crea bloques a partir de diferentes elementos, los cuales pueden incluir un encabezado y un pie.

Principales características

Un documento web podría dividirse en secciones para un listado de noticias, información de contactos, etc.

Debemos asegurarnos que todo lo que se encuentre dentro de una etiqueta section tenga relación.

Se usa para crear contenidos independientes dentro de un documento web.

Consideraciones

Si la intención es sindicar el contenido de un elemento section, es mejor usar el elemento article en su lugar, a modo de artículos independientes como en las revistas. Section está diseñado para contenidos dependientes, pero diferenciados. No se debe usar el elemento section como un mero contenedor genérico; para esto ya existe div, especialmente si el objetivo solamente es aplicar un estilo (CSS) a la sección. Como regla general, el título de una sección debería aparecer en el esquema del documento.

El documento estilo.css contiene el siguiente código:

```
*{
    font-family: tahoma;
}

section{
    background-color: gray;
    width: 870px;
    height: 400px;
    float: left;
    margin: 5px;

    -khtml-border-radius: 10px;
    -moz-border-radius: 10px;
    -webkit-border-radius: 10px;
    border-radius: 10px;
}

section#izquierda{
    background-color: burlywood;
    width: 260px;
    height: 370px;
    float: left;
    padding: 10px;
}
section#medio{
    background-color: burlywood;
```

```
    width: 260px;
    height: 370px;
    float: left;
    padding: 10px;
}
section#derecha{
    background-color: burlywood;
    width: 260px;
    height: 370px;
    float: left;
    padding: 10px;
}
```

El documento index.html contiene el siguiente código:

```
<!DOCTYPE html>
<html>
    <head>
        <meta charset="UTF-8">
        <link href="css/estilos.css" rel="stylesheet" type="text/css"/>
        <meta name="viewport" content="width=device-width, initial-scale=1.0">
    </head>
    <body>
        <section>
            <section id="izquierda">
                <header>
                    <h1>Manejo de SECTION</h1>
                </header>
                <article>
                    <h2>¿Cómo se usa?</h2>
                    <p>
        El uso de la etiqueta Section agrupa elementos según su contenido y forma,
como su nombre lo indica, una sección. Asimismo, crea bloques a partir de diferentes
elementos, los cuales pueden incluir un encabezado y un pie.
                    </p>
                </article>
            </section>
            <section id="medio">
                <article>
                    <h2>Principales características</h2>
                    <p>
Un documento web podría dividirse en secciones para un listado de noticias, infor-
mación de contactos, etc.
                    </p>
                    <p>
Debe asegurarse de que todo lo que se encuentre dentro de una etiqueta section tenga
relación.
```

```
                    </p>
                    <p>
Se usa para crear contenidos independientes dentro de un documento web.
                    </p>
                </article>
            </section>
            <section id="derecha">
                <article>
                    <h2>Consideraciones</h2>
                    <p>
                        Si la intención es sindicar el contenido de un elemento sec-
                        tion, es mejor usar el elemento article en su lugar, a modo
                        de artículos independientes como en las revistas.

                        Section está diseñado para contenidos dependientes, pero di-
                        ferenciados.

                        No se debe usar el elemento section como un mero contenedor
                        genérico; para esto ya existe div, especialmente si el obje-
                        tivo solamente es aplicar un estilo (CSS) a la sección.

                        Como regla general, el título de una sección debería aparecer
                        en el esquema del documento.
                    </p>
                </article>
            </section>
        </section>
    </body>
</html>
```

2.9 Etiqueta <nav>

Según la W3C, la etiqueta <nav> representa una sección de un documento web que contiene enlaces o links a otras páginas. Se debe tener en cuenta que toda página web debe contar con enlaces a fin de facilitar la navegación para el usuario.

A. Formato

```
<nav>
    <a href="principal.html">principal</a>
    <a href="conocenos.html">conócenos</a>
    <a href="imagenes.html">imágenes</a>
</nav>
```

Se debe considerar que todos los enlaces web no necesariamente deben encontrarse dentro de la etiqueta <nav>, puesto que hay etiquetas del HTML5 que pueden soportarlo. Este es el caso de <footer>, el cual puede referenciar a enlaces como las políticas de la página, el correo del webmaster o los enlaces dentro del mismo documento.

Una de las razones que da W3C para utilizar este elemento tiene que ver con el creciente uso de los móviles, tabletas y otros dispositivos que permiten la navegación por Internet. De esta manera, cuando uno de estos dispositivos abre una página con una etiqueta <nav>, este puede no mostrarse en la pantalla y prsentar un enlace para que se despliegue el menú cuando se pincha sobre él. De esta manera, en la pantalla se verá únicamente el contenido más relevante y el contenido menos importante se ocultará. Esta es una característica que presentan los dispositivos móviles frente a los documentos web.

B. Principales características

a. Especifica claramente cuáles son los elementos de navegación de un documento web.

b. Se puede configurar el navegador para que al iniciar un documento web salte al menú del sitio web, esto dejaría obsoleto a los enlaces "Saltar enlaces" o "Ir al contenido principal".

c. Un navegador web visto desde un dispositivo, por ejemplo, un móvil o una tablet, puede mostrar los elementos de navegación de forma independiente o cuando el usuario pulse una tecla del dispositivo.

d. El elemento <nav> funciona tal como lo haría una etiqueta <div> del HTML4. Ya no será necesario escribir <DIV ID="MENU"> o <DIV ID="NAVEGACION">.

C. Ejemplos

a. Implemente el siguiente menú de opciones de forma horizontal:

El documento estilo.css contiene el siguiente código:

```css
body {
    margin: 0em;
    padding: 0em;
    background: #1EB0D7;
    font-family: "Tahoma";
    font-size: 10pt;
    color: #525252;
}

nav li {
    display: inline-block;
}

nav a {
    display: block;
    float: left;
    margin-right: 0.12em;
    padding: 1em 1.5em;
    background: #178EAE;
    box-shadow: inset 0px -2px 0px 0px rgba(0,0,0,0.25);
    text-decoration: none;
```

```
        text-shadow: 1px 1px 0px #0C749C;
        text-transform: uppercase;
        font-size: .90em;
        color: #FFFFFF;
}
```

El documento index.html contiene el siguiente código:

```
<!DOCTYPE html>
<html>
    <head>
        <meta charset="UTF-8">
        <link href="css/estilos.css" rel="stylesheet" type="text/css"/>
        <meta name="viewport" content="width=device-width, initial-scale=1.0">
    </head>
    <body>
        <nav>
            <ul>
              <li><a href="#">Inicio</a></li>
              <li><a href="#">Nosotros</a></li>
              <li><a href="#">Servicios</a></li>
              <li><a href="#">Recursos</a></li>
              <li><a href="#">Contáctenos</a></li>
            </ul>
        </nav>
    </body>
</html>
```

b. Implemente el siguiente menú de opciones de forma vertical:

El documento estilo.css contiene el siguiente código:

```
body {
    background: #d3d3d3;
    font-size: 100%;
    margin: 10px;
    font-family:tahoma;
    color: #444;
}
```

```css
/* Estilo para la lista */
nav ul {
  background: #e8e8e8;
  padding: 0;
  width: 25%;
}

/* Estilo para los elementos de la lista */
nav li a {
  display: block;
  padding: 1.25em;
  border-bottom: 1px solid #D2D2D2;
}

/* Estilo al posicionar el puntero encima del enlace*/
nav a:hover {
  color: #fff;
}
```

El documento index.html contiene el siguiente código:

```html
<!DOCTYPE html>
<html>
    <head>
        <meta charset="UTF-8">
        <link href="css/estilos.css" rel="stylesheet" type="text/css"/>
        <meta name="viewport" content="width=device-width, initial-scale=1.0">
    </head>
    <body>
        <nav>
            <ul>
                <li><a href="#">Home</a></li>
                <li><a href="#">Productos</a></li>
                <li><a href="#">Empresa</a></li>
                <li><a href="#">Contáctenos</a></li>
            </ul>
        </nav>
    </body>
</html>
```

2.10 Etiqueta <aside>

Su trabajo es similar a la etiqueta <section>. La diferencia es que esta siempre será un bloque añadido a los bloques que tiene al lado. En otras palabras, son datos extra dentro de la estructura del documento web basado en HTML5.

A. Formato

```
<aside>
    <!-- contenido de la sección aside -->
</aside>
```

B. Ejemplos

a. Implemente el siguiente formato usando aside de tal forma que el lado izquierdo y derecho muestren un texto descriptivo, mientras que la parte central muestre una imagen:

El documento estilo.css contiene el siguiente código:

```
body {
    font-family:"Tahoma";
}
section{
    width: 880px;
    height: 400px;
}

aside#left{
    background-color: #e8e8e8;
    width: 200px;
    height: 400px;
    float: left;
    margin: 3px;
    padding: 10px;
```

```
}

aside#center{
    background-color: #e8e8e8;
    width: 400px;
    height: 400px;
    float: left;
    margin: 3px;
    padding: 10px;
}

aside#right{
    background-color: #e8e8e8;
    width: 200px;
    height: 400px;
    float: left;
    margin: 3px;
    padding: 10px;
}
```

El documento index.html contiene el siguiente código:

```
<!DOCTYPE html>
<html>
    <head>
        <meta charset="UTF-8">
        <link href="css/estilos.css" rel="stylesheet" type="text/css"/>
        <meta name="viewport" content="width=device-width, initial-scale=1.0">
    </head>
    <body>
        <section>
            <aside id="left">
                <h1>Etiqueta ASIDE</h1>
Su trabajo es similar a la etiqueta SECTION. La diferencia es que esta siempre será
un bloque añadido a los bloques que tiene al lado. En otras palabras, son datos
extra dentro de la estructura del documento web basado en HTML5.
            </aside>
            <aside id="center">
                <img src="img/logo_html.png" width="400" height="400"/>
            </aside>
            <aside id="right">
                <h1>También...</h1>
El ASIDE representa una sección de una página que tiene relación con el contenido
que está mostrando la página web y que podría ser considerado por separado de ese
contenido. Estas secciones son, a menudo, representadas como barras laterales o
también llamadas Sidebar.
            </aside>
        </section>
    </body>
</html>
```

2.11 Etiqueta <footer>

Representa el pie o una sección de un documento web. Se parece mucho al pie de página de un documento Word. Un footer puede insertarse varias veces dentro de un mismo documento. Se debe tener en cuenta que, cuando el footer se ubica al final del documento web, puede contener información sobre el webmaster, las condiciones o los términos para el uso del documento o los derechos de autor. Por otro lado, si el footer es colocado en una section o article, contendrá datos finales propios de la sección o artículo, así como también la fecha u hora de la publicación.

A. Formato

```
<footer>
     <!--contenido del pie-->
</footer>
```

B. ¿Qué se puede colocar en un <footer>?

a. Nombre del autor del documento o diseñador web.

b. Enlaces a contenidos relacionado con el documento web.

c. Información de copyright o avisos legales.

d. Información de contacto con la empresa usando la nueva etiqueta HTML5 llamada address.

C. Ejemplo

a. Implemente el siguiente pie de documento.

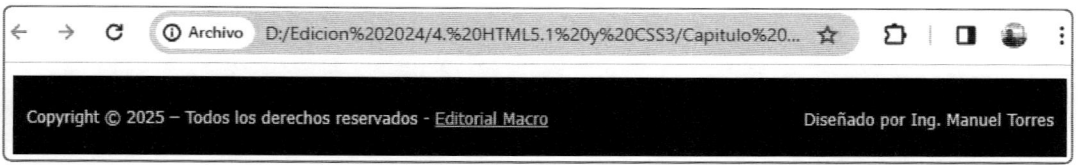

El documento estilo.css contiene el siguiente código:

```css
/* Estilo para todo el documento */
body{
 font-size:13px;
 font-family:Tahoma, Geneva, sans-serif;
 color:#FFF;
 background-color:#fff;
}


/* Estilo para la alineación de los textos*/
p#izquierda{
 float:left;
}
p#derecha{
 float:right;
}
```

```
a {
  color: yellow;
}

/* Estilo para el pie */
footer {

  height: 40px;
  margin:10px;
  padding: 10px;
  background-color:#000;
}
```

El documento index.html contiene el siguiente código:

```
<!DOCTYPE html>
<html>
  <head>
    <meta charset="UTF-8">
    <link href="css/miestilo.css" rel="stylesheet" type="text/css"/>
    <meta name="viewport" content="width=device-width, initial-scale=1.0">
  </head>
  <body>
    <footer>
      <p id="izquierda">Copyright &copy; 2025 - Todos los derechos reservados - <a
href="http://www.editorialmacro.com">Editorial Macro</a></p>
      <p id="derecha">Diseñado por Ing. Manuel Torres</p>
    </footer>
  </body>
</html>
```

2.12 Elementos internos del HTML5

Se refiere a las etiquetas que se colocan dentro de otras. Es una forma de organizar mejor los elementos que componen un proyecto web con HTML. Asimismo, se debe tener en cuenta que HTML5 es correctamente semántico y, por lo tanto, se deben organizar los elementos por afinidad. Se cuenta con las siguientes etiquetas:

2.12.1 Etiqueta <article>

Article representa un contenido regular importante en el documento web que puede ser distribuido de forma independiente. Es decir, seguirá manteniendo su sentido semántico en otros documentos web.

A. Formato

```
<article>
    <!-- contenido del article -->
</article>
```

B. Principales características

a. Un documento web podría contener un número indeterminado de artículos, ya que cada uno posee independencia frente a los demás artículos, inclusive dentro del mismo documento web.

b. En un artículo se podrían colocar etiquetas como <header>, <section> y <footer>.

c. La diferencia entre <article> y <section> es que un artículo tiene una cultura semántica más fuerte que la de <section>.

C. Ejemplo

a. Implemente un documento web en el cual se visualicen dos artículos: el primero dedicado a las características de la etiqueta <section> y otro a la etiqueta <article>.

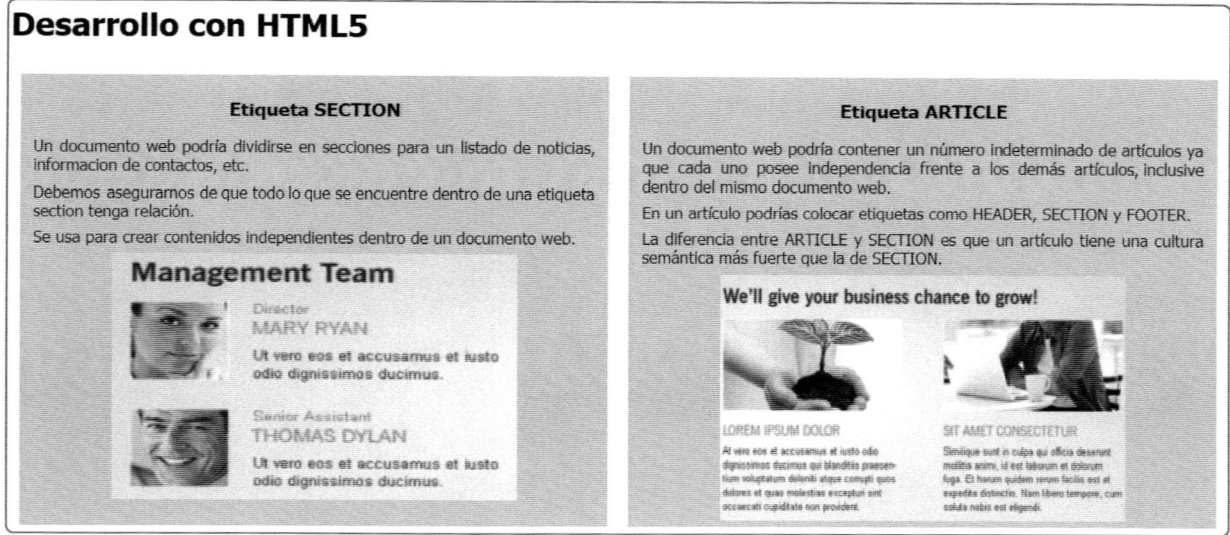

El documento estilo.css contiene el siguiente código:

```
/* Estilo para todo el documento */
body {
    font-family:"Tahoma";
}
/* Estilo para el título del documento */
p {
    margin: 8px;
    text-align:justify;
}


/* Estilo para los artículos */
article {
```

```
    margin: 10px;
    padding: 5px;
    float:left;
    width: 30%;
    height: 450px;
    background:#CFC;
    text-align:center;
}

/* Estilo para definir el ancho y alto de la imagen  */
img{
    width:400px;
    height:250px;
}
```

El documento index.html contiene el siguiente código:

```
<!DOCTYPE html>
<html>
    <head>
        <meta charset="UTF-8">
        <link href="css/estilos.css" rel="stylesheet" type="text/css"/>
        <meta name="viewport" content="width=device-width, initial-scale=1.0">
    </head>
    <body>
        <h1>Desarrollo con HTML5</h1>
        <ARTICLE>
            <h3>Etiqueta SECTION</h3>
            <p>
                Un documento web podría dividirse en secciones para un listado de
noticias, información de contactos, etc.
            </p>
            <p>
                Debe asegurarse de que todo lo que se encuentre dentro de una eti-
queta section tenga relación.
            </p>
            <p>
                Se usa para crear contenidos independientes dentro de un documento
web.
            </p>
            <img src="img/seccion.png" />
        </article>

        <ARTICLE>
            <h3>Etiqueta ARTICLE</h3>
            <p>
```

```
                Un documento web podría contener un número indeterminado de artículos,
    ya que cada uno posee independencia frente a los demás artículos, inclusive dentro
    del mismo documento web.
            </p>
            <p>
             En un artículo podrías colocar etiquetas como HEADER, SECTION y FOOTER.
            </p>
            <p>
                La diferencia entre ARTICLE y SECTION es que un artículo tiene una
    cultura semántica más fuerte que la de SECTION.
            </p>
            <img src="img/article.png" />
        </article>
    </body>
</html>
```

2.12.2 Etiqueta <figure>

Representa un contenido independiente de otros elementos web. Su uso no se basa principalmente en una imagen, sino también en una ilustración, diagrama, fragmento de código o un esquema, al que se hace referencia en el texto principal del documento web.

A. Formato

```
<figure>
        <img scr="image.jpg"> … </img>
</figure>
```

B. Ejemplo

a. Implemente una aplicación web que muestre cuatro imágenes dentro de un marco.

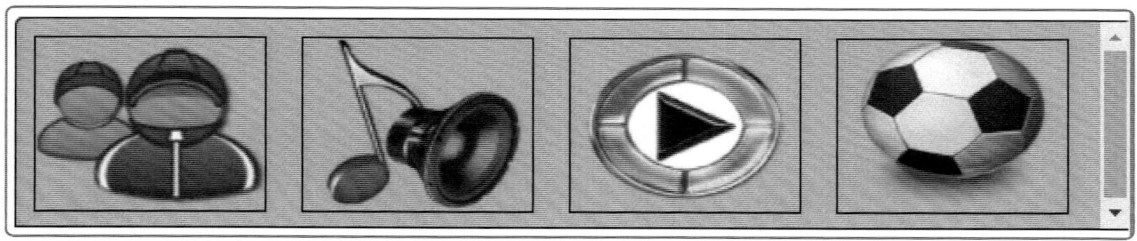

El documento estilo.css contiene el siguiente código:

```
/*Estilo de la barra*/
.barra-panel {
    overflow:auto;
    position:absolute;
    left:10px;
    top:80%;
    width:98.5%;
```

```css
    right:20;
    height:120px;
    z-index:1;
}
.borde-Panel {
    border: 1px solid RGB(0,0,0);
    background: RGB(215,201,168);
}
.punta-Izq {
    border-top-left-radius: 5px;
}
.punta-Der {
    border-top-right-radius: 5px;
}
.barra-Scroll {
    width: 3630px;
}

/*Estilo del marco de las imágenes*/
figure {
    border: 1px solid RGB(0,0,0);
    width: 130px;
    height: 100px;
    float: left;
    margin: 10px;
}

/*Estilo de las imágenes*/
img{
    width: 130px;
    height: 100px;
}
```

El documento index.html contiene el siguiente código:

```html
<!DOCTYPE html>
<html>
    <head>
        <meta charset="UTF-8">
        <link href="css/estilos.css" rel="stylesheet" type="text/css"/>
        <meta name="viewport" content="width=device-width, initial-scale=1.0">
    </head>
    <body>
        <section class="barra-panel borde-Panel punta-Izq punta-Der">
            <section class="barra-Scroll">
                <figure><img src="img/usuario.png"></figure>
```

```
                    <figure><img src="img/audio.png"></figure>
                    <figure><img src="img/video.png"></figure>
                    <figure><img src="img/juegos.png"></figure>
                </section>
            </section>
        </body>
    </html>
```

2.13 Comentarios en HTML5

Los comentarios son líneas de código que no son interpretados por el navegador web y, por lo tanto, su integración dentro del documento web responde a otras necesidades, no necesariamente semánticas, de HTML5.

```
<!-- Comentario de una línea-->
```

Se caracteriza por pertenecer siempre a una misma línea. Son comentarios normalmente cortos que no afectan visualmente al código HTML5 de un documento web.

```
<!-- Comentario
de
varias
    líneas -->
```

Se caracteriza por usar más de una línea; la idea es colocar cierto número de líneas de código que no serán interpretadas por el navegador web.

2.14 Otras etiquetas HTML5

2.14.1 Etiqueta <hr>

Permite separar el contenido entre párrafos usando una línea horizontal, la cual tiene características que pueden ser controladas por el diseñador web. Su formato es: <hr> o también </hr>. Una de las características de la etiqueta <hr> es que no es necesario cerrar la etiqueta debido a que no posee contenido.

```
<hr size="2">
```
Define el grosor de la línea a dos píxeles.

```
<hr size="10">
```
Especifica el grosor de la línea a diez píxeles.

```
<hr color="#FF0000">
```
Precisa el color de la línea.

```
<hr width="75 %">
```

Concreta el ancho de la línea, para este caso se le asigna el 75 % del total del ancho que tiene el documento web. Cuando no se especifica un ancho, automáticamente se asigna el 100 %.

```
<HR noshade>
```

Definición de una línea sin sombra.

2.14.2 Etiqueta <blockquote>

Permite establecer citas tipo párrafo, pertenecientes a un sitio web diferente al que se encuentra, destacado en dicha cita con una especie de sangrado en los lados derecho e izquierdo.

A. Formato

```
<blockquote cite="" title="">
    <!-- contenido del blockquote -->
</blockquote>
```

Donde:

- **Cite:** propiedad que permite definir la dirección URL de donde proviene el párrafo.

- **Title:** propiedad que permite definir un título en el bloque de párrafo que será mostrado al posicionar el ratón sobre el párrafo.

B. Ejemplo

a. Implemente el siguiente documento web haciendo uso de la etiqueta <blockquote>.

Etiqueta BLOCKQUOTE

El elemento blockquote permite a los autores insertar citas en forma de bloques de contenido, usualmente compuestas por un párrafo, un grupo de párrafos o un conjunto de muchos otros elementos incluyendo imágenes (img), tablas (table) y artículos (article), entre otros. Esta es la principal diferencia entre este elemento y q, que está diseñado para citar únicamente líneas de texto.

Recuperado desde, HTML QUICK

El documento estilo.css contiene el siguiente código:

```
blockquote{
    font-family: tahoma;
    font-size: 12px;
}
```

El documento index.html contiene el siguiente código:

```
<!DOCTYPE html>
<html>
    <head>
        <meta charset="UTF-8">
        <link href="css/estilos.css" rel="stylesheet" type="text/css"/>
        <meta name="viewport" content="width=device-width, initial-scale=1.0">
```

```
    </head>
    <body>
        <BLOCKQUOTE>
            <p>
                Etiqueta BLOCKQUOTE
            </p>
            <p>
                El elemento blockquote permite a los autores insertar citas en forma
de bloques de contenido, usualmente compuestas por un párrafo, un grupo de párrafos
o un conjunto de muchos otros elementos incluyendo imágenes (img), tablas (table) y
artículos (article), entre otros. Esta es la principal diferencia entre este ele-
mento y q, que está diseñado para citar únicamente líneas de texto.
            </p>
            <footer>
                <p>
                    Recuperado desde, <a href="http://www.htmlquick.com/es/reference/
tags/blockquote.html">HTML QUICK</a></p>
            </footer>
        </BLOCKQUOTE>
    </body>
</html>
```

2.14.3 Etiqueta <cite>

Permite insertar información referente a una determinada cita en el documento web, esta puede ser el nombre del autor, una obra literaria, etc.

A. Formato

```
<cite>
    <!-- contenido de cite -->
</cite>
```

B. Características más importantes

a. Una cita muestra el texto en cursiva para diferenciarlo de los demás.

b. Una cita no permite hacer saltos de línea anteriores ni posteriores dentro de un documento web.

C. Ejemplo

a. Implemente el siguiente párrafo en un documento web haciendo uso de la etiqueta <cite>.

El elemento *cite* representa a una cita del título de una obra. Este elemento puede ser usado para citar los *títulos de libros, artículos científicos, ensayos, pinturas, esculturas, obras de teatro, canciones, películas, series de TV, videojuegos, etc.*

El documento estilo.css contiene el siguiente código:

```css
p{
    font-family: tahoma;
    font-size: 12px;
}
```

El documento index.html contiene el siguiente código:

```html
<!DOCTYPE html>
<html>
    <head>
        <meta charset="UTF-8">
        <link href="css/estilos.css" rel="stylesheet" type="text/css"/>
        <meta name="viewport" content="width=device-width, initial-scale=1.0">
    </head>
    <body>
        <p>
            El elemento <cite>cite</cite> representa a una cita del título de una
obra.
            Este elemento puede ser usado para citar los <cite>títulos de libros,
artículos científicos, ensayos, pinturas, esculturas, obras de teatro, canciones,
películas, series de TV, videojuegos, etc</cite>.
        </p>
    </body>
</html>
```

Capítulo 3

Hojas de estilos en cascada CSS3

3.1 Breve historia de CSS

Es un lenguaje de hojas de estilo desarrollado para controlar el aspecto o presentación de un documento web. Asimismo, separa el contenido web de su presentación y se usa para documentos web complejos.

SCRIPT HTML   SCRIPT CSS   WEBSITE

La World Wide Web Consortium, conocida como W3C, propuso la creación de un lenguaje de hojas de estilos que permitiera definir los formatos de diseño para el lenguaje HTML. Como respuesta se presentaron nueve propuestas, de las cuales solo quedaron dos, llamadas CHSS (Cascading HTML Style Sheets) y SSP (Stream-based Style Sheet Proposal). Finalmente, se unieron para definir el nuevo lenguaje de estilos llamado Cascading Style Sheets o CSS.

Una de las principales características que presentan las hojas de estilo es que dentro de un proyecto web solo se puede crear un archivo de estilo, en el cual se definirán todos los estilos que usará el proyecto. Estos se podrán utilizar por medio de una asociación al documento web, lo cual genera menos líneas de código y más orden dentro del proyecto, como se observa a continuación:

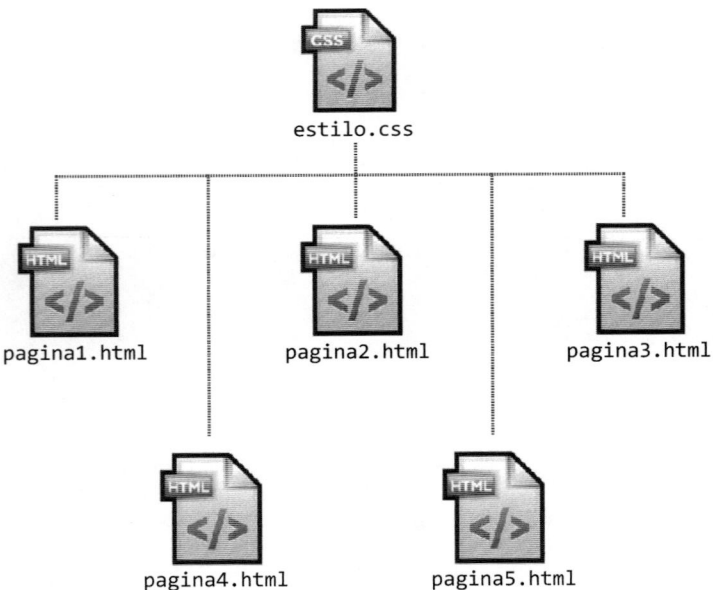

Las versiones anteriores a CSS3 son las siguientes:

VERSIÓN	VIGENCIA	FUNCIONALIDADES
CSS1	1996-1998	• Gestión de fuentes de letras, su tipo, tamaño, énfasis y otras funcionalidades. • Color de texto, fondos, bordes u otros elementos. • Atributos del texto, como espaciado entre palabras, letras, líneas y otras funcionalidades. • Gestión de alineación de textos, imágenes, tablas y otras funcionalidades. • Gestión de propiedades de las cajas, como margen, borde, relleno o espaciado. • Gestión y propiedades de identificación y presentación de listas.
CSS2	1998-2008	• Gestión de capas para su posicionamiento relativo, niveles y otras funcionalidades. • Incorporación de media types. • Soporte para las hojas de estilo auditivas. • Gestión de textos bidireccionales, sombras y otras funcionalidades.

3.2 Características del CSS3

CSS3 presenta características muy importantes que aportan al diseño y presentación de un documento web, evitando el uso de aplicaciones de terceros para su definición. Sus principales características son las siguientes:

a. Define un gradiente de color en el borde de los elementos con CSS.

b. Incluye bordes redondeados, a través del atributo border-radius, que define la curvatura que debe tener el borde de un elemento.

c. Permite gestionar la distribución de múltiples imágenes de fondo.

d. Incluye todos los colores RGB.

e. Define el word-wrap que sirve para romper las palabras que son demasiado largas y no caben enteras debido a la anchura de una caja.

f. Controla el maquetado de textos en varias columnas.

g. Utiliza imágenes como bordes de los elementos de la página.

h. Crea sombras con el atributo box-shadow.

i. Añade resplandor exterior a los elementos con la propiedad box-shadow.

j. Controla la posición de una imagen de fondo con respecto al borde, padding o el contenido del elemento.

k. Controla el contenido cuando algún elemento sobrepasa los límites de un contenedor en la horizontal o vertical.

l. Incluye el @font-face, el cual permite utilizar cualquier tipografía en un documento web.

3.3 Elementos de la definición CSS3

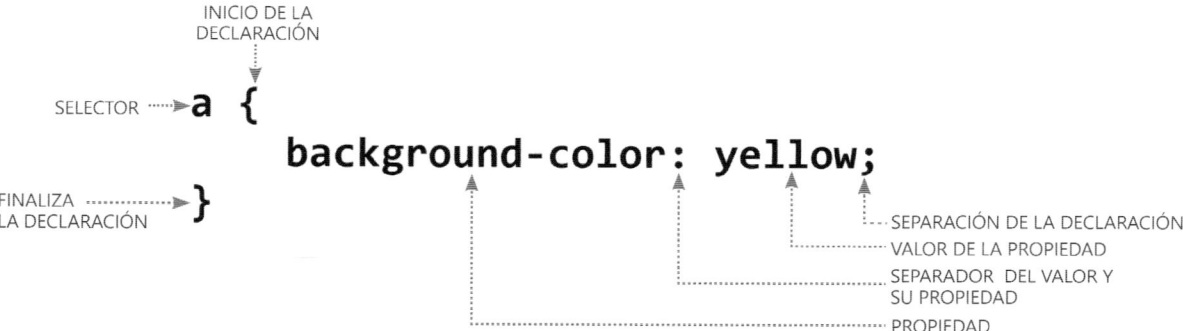

Donde:

ELEMENTO	DESCRIPCIÓN
Selector	Aquí se especifica el elemento a definir en CSS. Este puede ser el nombre de una etiqueta HTML o un nombre particular del proceso. **a. Etiqueta:** hace referencia a una etiqueta HTML. Puede ser a, hr, header, section, etc. **b. #Identificador:** hace referencia a un nombre particular que se le puede asignar a un grupo de propiedades. **c. .clase:** hace referencia a una clase con nombre particular que se le puede asignar a un grupo de propiedades.
Inicio de la declaración	La llave abierta indica el inicio de la definición del estilo.
Propiedad	Es la característica a modificar del selector. Puede ser un color de letra, tipo de letra, etc.
Separador del valor y su propiedad	El separador indica el inicio del valor asignado a la propiedad.

Valor	Es el dato que se asigna a la propiedad.
Separador de propiedad	El punto y coma indica la finalización de la propiedad y el inicio de otra propiedad. Se debe tener en cuenta que cada definición de propiedad debe separarse por punto y coma.
Finaliza declaración	La llave cerrada indica la finalización de la declaración de propiedades.

3.4 Funcionamiento básico de CSS3

Un archivo de tipo CSS contiene toda la definición de diseño que pueden tener las etiquetas y amplía todas las posibilidades que presenta HTML5. Antes de la adopción de CSS, los diseñadores de páginas web debían definir el aspecto de cada elemento dentro de las etiquetas HTML de la página. Esto ocasionaba que las líneas de código crecieran y fuera complicado controlar los errores dentro del documento.

```
<font color="blue" face="tahoma" size="5pt">
    Contenido textual
</font>
```

El código muestra una definición de tipo de letra "Tahoma", tamaño 5 pt y color de letra azul. Esta implementación no permite aplicar el mismo formato a otros elementos similares; se tendría que copiar la implementación a cada párrafo que necesite la misma especificación. A continuación, se mostrará la implementación usando el código CSS:

```
p{
  color:blue;
  font-family:"tahoma";
  font-size: 5pt;
}
```

Para usarlo en un párrafo HTML, se mostrará el siguiente código:

```
<p>Contenido textual</p>
```

La etiqueta <p> define un párrafo y, al encontrarse especificado en el archivo CSS, este se aplicará a todas las propiedades definidas.

3.5 Integración CSS en HTML5

Existen tres formas de integrar CSS3 en un documento web. A continuación, se detallará cada una.

3.5.1 Estilo en línea

Aquí se define el estilo directamente en la etiqueta HTML. Esta implementación presenta una desventaja en el momento de actualizar el estilo, ya que un cambio solo afectará a la etiqueta implementada.

```
<etiqueta style="atributo1:valor; atributo2:valor">
   Contenido de la Etiqueta
</etiqueta>
```

```
<body style="background-color: #ff0000">
</body>
```

El script permite asignar el color rojo de fondo al documento web. Se debe tener en cuenta que la asignación de color se puede realizar por código, comenzando con el símbolo #, o también se podría especificar el nombre del color como, por ejemplo, "background-color: red".

```
<p style="font-family:'Tahoma';
        font-size:24pt;
        font-style:bold;
        text-align:center">
  Estilo aplicado a una etiqueta html
</p>
```

El script permite asignar a un párrafo el tipo de letra "Tahoma", con tamaño 24 pt, estilo negrita y alineación centrada.

3.5.2 Estilo a nivel de página

En un documento web pueden existir diferentes definiciones de estilos. Estas pueden ser administradas de forma global, es decir, la definición de estilos se realizará dentro de la etiqueta <head> para que sea reconocida exclusivamente por la página web que la contenga. A continuación, se mostrará la definición de estilos a nivel de página:

```
<style>
etiqueta 1{
        atributos;
    }
    etiqueta 2{
        atributos;
    }
</style>
```

Por ejemplo:

El script aplica un color de fondo rojo y para los párrafos un tipo de letra "Tahoma", con tamaño de letra 24 pt, estilo negrita y alineación centrada.

```
<!DOCTYPE html>
<html>
<head>
  <meta http-equiv="content-type" content="text/html; charset=utf-8" />
  <title>manejo de estilos</title>
<style>
 body {
    background-color: #ff0000;
 }
 p {
```

```
            font-family:'Tahoma';
            font-size:24px;
            font-style:inherit;
            text-align:center;
    }
</style>
</head>
<body>
    <p>Estilo aplicado a una etiqueta html</p>
</body>
</html>
```

3.5.3 Estilo externo

Un archivo externo genera un orden dentro del proyecto web, ya que contendrá definiciones de estilo para todos los documentos web que lo necesitan. Es decir, los estilos definidos no son propiedad de un solo documento, sino de todo el proyecto. Una ventaja de esta forma de implementación es que la modificación en uno de los estilos afectará a todos los documentos que lo usen. El formato de referencia desde la página web hacia el archivo CSS es el siguiente:

```
<link href="archivo.css" rel="stylesheet" type="text/css"/>
```

Por ejemplo:

El script se encuentra implementando dentro del archivo "estilo.css", el cual define las características para el fondo del documento y los párrafos.

estilo.css

```
body {
  background-color: #ff0000;
}

p {
  font-family:'Tahoma';
  font-size:24px;
  font-style:bold;
  text-align:center;
}
```

Ahora se mostrará cómo hacer referencia al archivo estilo.css desde otro documento llamado index. html.

```
<!DOCTYPE html>
<html>
<head>
  <meta http-equiv="content-type" content="text/html; charset=utf-8" />
```

```
<link rel="stylesheet" type="text/css" href="estilo.css">
<title>manejo de estilos</title>
</head>
<body>
<p>Estilo aplicado a una etiqueta html de forma externa</p>
</body>
</html>
```

3.5.4 Estilo importado

Las diferentes formas de asociar el archivo CSS y html indican que la mejor manera de integrarlos es separar el archivo CSS del html. La forma en que se invoca al archivo CSS dentro del archivo html se llama estilo importado, y presenta el siguiente formato:

```
<style type="text/css">
    @import url ("nombre del archivo css");
</style>
```

Por ejemplo:

El script se encuentra implementando dentro del archivo "estilo.css", el cual define las características para el fondo del documento y los párrafos.

estilo.css

```
body {
  background-color: #ff0000;
}

p {
  font-family:'Tahoma';
  font-size:24px;
  font-style:bold;
  text-align:center;
}
```

Ahora se mostrará cómo hacer referencia al archivo estilo.css mediante la importación.

```
<!DOCTYPE html>
<html>
<head>
<meta http-equiv="content-type" content="text/html; charset=utf-8" />
<title>manejo de estilos</title>
<style type="text/css">
    @import url("estilo.css");
</style>
```

```
</head>

<body>
    <p>Estilo aplicado a una etiqueta html de forma importada</p>
</body>
</html>
```

3.6 Los comentarios en CSS

Los comentarios se caracterizan por agregar una línea, dentro del script CSS, que no será interpretada al ejecutar la página web. Un comentario se podría usar para realizar las siguientes acciones:

a. Colocar algún mensaje para recordar alguna instrucción.

b. Anular algún código implementado dentro del script CSS.

c. Definir el nombre del autor y la fecha de creación del script CSS.

A continuación, se mostrará el formato para la implementación de un comentario dentro de la definición de un archivo CSS:

```
/*
  Cuerpo
  del comentario
*/
```

O también podría realizarse en una sola línea:

```
/* Cuerpo del comentario de una sola línea */
```

Por ejemplo:

Se puede observar en el script que los comentarios explican el funcionamiento de cada línea de estilo CSS y no son interpretados por el navegador web.

```
body {
background-color: #ff0000; /*define color de fondo*/
}
p {
font-family:'Tahoma';    /*define una fuente*/
    font-size:24px; /*define el tamaño en 24 píxeles*/
    font-style:inherit; /*define el texto en negrita*/
    text-align:center; /*define alineación centrada de texto*/
}
```

Se puede anular la definición de la fuente y su tamaño mediante el siguiente código:

```
body {
      background-color: #ff0000;
}
p {

      /* font-family:'Tahoma';
      font-size:24px; */
      font-style:inherit;
      text-align:center;

}
```

3.7 Selectores CSS

Un selector identifica un elemento dentro del documento web. Este contiene ciertas propiedades previamente inicializadas que luego serán interpretadas por el navegador y mostradas en el diseño del documento web.

Para las hojas de estilos un selector es considerado como un patrón que permite apuntar a elementos HTML específicos del documento web, y gracias a los diferentes tipos de selectores es posible alcanzarlos sin importar su tipo, posición o contexto.

3.7.1 Selector universal

Es un selector que se aplica a todos los selectores en un documento web. Eso quiere decir que la definición de estilos se aplicará a todos los elementos compatibles. Su formato es el siguiente:

```
* {
    propiedad: valor;
}
```

En la siguiente imagen se puede observar que se define el color rojo dentro del selector universal. Eso quiere decir que todos los textos que se encuentren dentro del documento web serán mostrados de dicho color.

```
                                          <!DOCTYPE html>
                                          <html>
                                              <head>
                                                  <meta charset="UTF-8">
                                                  <meta name="viewport" content="width=device-width, initial-scale=1.0">
                                              </head>
                                              <body>
                                                  <header>
                                              ▶ <h1>Título del documento</h1>
                                                      <nav>
                                                          <ul>
                                              ▶ <li>Enlace 1</li>
                                                              <li>Enlace 2</li>
                                                              <li>Enlace 3</li>
                                                              <li>Enlace 4</li>
                                                          </ul>
                                                      </nav>
                                                  </header>
                                                  <section>
                                              ▶ Aquí va el contenido del documento
                                                      <article>
                                              ▶ <h2>Título del Artículo</h2>
                                              ▶ <p>Contenido</p>
                                                      </article>
                                                      <aside>
                                              ▶ <h3>Título del bloque</h3>
                                              ▶ <p>Contenido</p>
                                                      </aside>
                                                  </section>
                                                  <footer>
                                              ▶ Pie de página del documento
                                                  </footer>
                                              </body>
                                          </html>
* {
    color:#ff0000;
}

    SELECTOR
    UNIVERSAL
```

Por ejemplo:

El siguiente script define de forma general la eliminación de los márgenes y el relleno de todos los elementos HTML que contiene el documento web.

```
* {
  margin: 0;
  padding: 0;
}
```

El siguiente script define de forma general el color azul, la alineación centrada y el tamaño de 1.5 em a todos los textos que se encuentren definidos dentro del documento web.

```
* {
  color: blue;
  text-align: center;
  font-size: 1.5em;
}
```

El siguiente script define de forma general el color rojo a todos los elementos cuya especificación en su atributo lenguaje sea Inglés – EE. UU. "En".

```
* [lang=en] {
  color:#FF0000;
}
```

3.7.2 Selector de etiqueta

Este tipo de selector permite homogenizar los estilos, es decir, se aplicará un estilo por etiqueta y este será ejecutado para todo el documento web. Cuando la etiqueta coincida con el selector del CSS se aplicará el estilo definido. Su formato es el siguiente:

```
selector {
    propiedad:valor;
}
```

En la siguiente imagen se puede ver que se define un color para la etiqueta <h1> y otro color para la etiqueta <p>. Por lo tanto, todos los demás textos que se encuentren en el documento tendrán asignado el color por defecto.

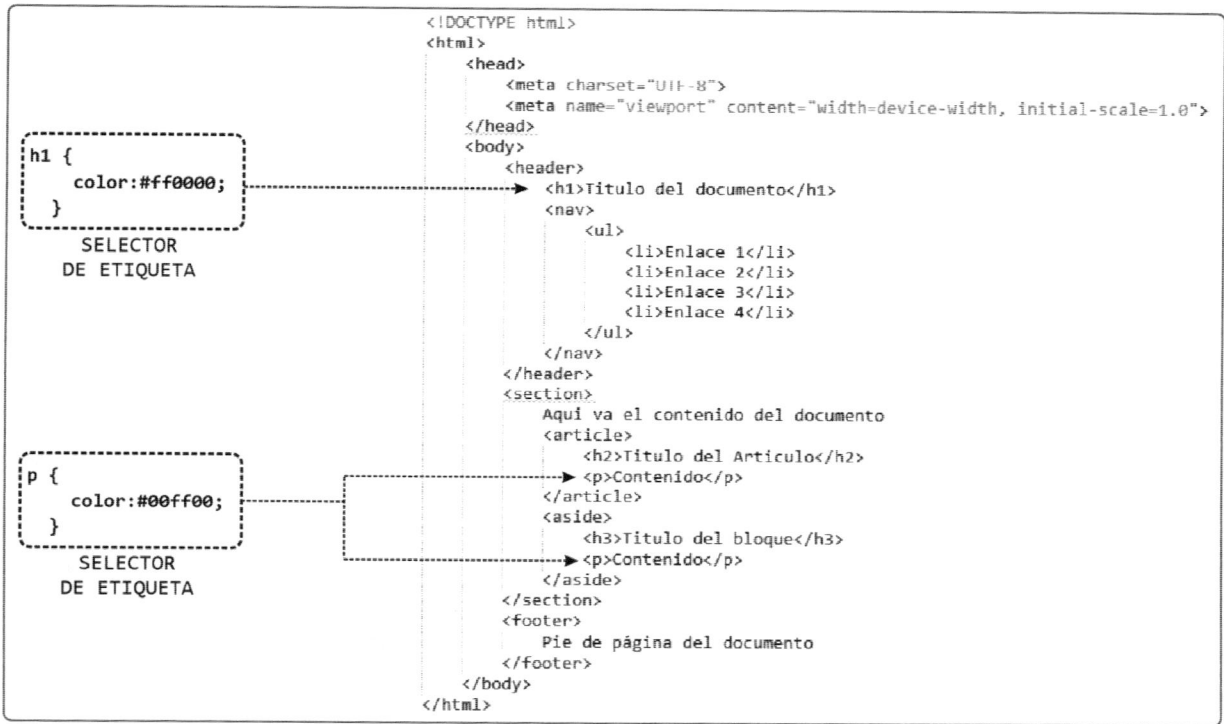

Por ejemplo:

El siguiente script define propiedades solo a la etiqueta <p>.

```
p{
    color: #00f;
    font-family: tahoma;
    size: 12pt;
}
```

Si estas propiedades resultan ser comunes entre varios elementos es posible agruparlos, como, por ejemplo, en el siguiente caso:

```
h1 {
   color: red;
   font-weight: normal;
   font-family: Arial, Helvetica, sans-serif;
}
h2 {
   color: red;
   font-weight: normal;
   font-family: Arial, Helvetica, sans-serif;
}
h3 {
   color: red;
   font-weight: normal;
   font-family: Arial, Helvetica, sans-serif;
}
```

El siguiente script define las mismas propiedades para tres etiquetas diferentes. Este código podría resumirse de la siguiente manera:

```
h1, h2, h3 {
   color: red;
   font-weight: normal;
   font-family: Arial, Helvetica, sans-serif;
}
```

3.7.3 Selector en descendencia

Selecciona los elementos que se encuentran dentro de otros elementos. Un elemento es descendiente de otro cuando se encuentra entre las etiquetas de apertura y de cierre de este. El formato de selector en descendencia es el siguiente:

```
selector1 selector2 selector3 ... selectorN{
    Definición de estilos;
}
```

Por ejemplo:

El siguiente script define un estilo a la etiqueta <a>, la cual se encuentra en descendencia de la etiqueta <p>, aplicando color azul, tipo de letra "Tahoma" y tamaño de 18 pt.

```
p a {
 font-size:18pt;
 color:#00f;
 font-family:tahoma;
}
```

Para poder usar dicha definición se puede usar el siguiente código. Asimismo, se debe tener en cuenta que el script CSS solo será aplicable si la etiqueta <a> se encuentra dentro de la etiqueta <p>; en caso contrario no se aplicará. Entonces, si se analiza el código, el estilo solo será aplicable al texto "ir a Google".

```
<body>
 <p>
  probando el selector de descendencia
 </p>
 <p>
  <a href="http://www.google.com">ir a Google</a>
 </p>
 <a href="http://www.hotmail.com">ir a hotmail</a>
</body>
```

3.7.4 Selector de clase

Permite asignar un estilo a elementos web cuyo atributo contenga class. Se recomienda que el nombre que se asigne tenga relación con las propiedades especificadas. Asimismo, para mayor facilidad de búsqueda, se pueden agrupar las clases que tengan el mismo objetivo. Su formato es el siguiente:

```
.nombre_del_identificador {
     Definición de estilos;
}
```

Por ejemplo:

El siguiente script permite definir un tipo de letra, tamaño y color bajo el nombre de la clase "formato".

```
.formato {
 color: red;
 font-family: tahoma;
 font-size: 24pt;
}
```

Para hacer referencia a la clase se debe anteponer un punto, tal como se muestra en el siguiente código:

```
<p class="formato">
     Selector de clase
</p>
```

3.7.5 Selector de identificación

Permite asignar un estilo a elementos web cuyo atributo contenga id. Se distingue porque comienza con el símbolo "#". Este tipo de selector es uno de los más comunes en CSS y se caracteriza por no permitir ser reutilizado. El formato es el siguiente:

```
#identificador {
   Definición del estilo;
}
```

```
#formato {
  color: red;
  font-family: tahoma;
  font-size:24px;
}
```

Esto podrá ser aplicado a textos dentro de un documento web.

```
<p id="formato">
   Selector de identificación
</p>
```

3.8 Selectores avanzados

CSS presenta diversas formas de implementar selectores. A continuación, se mostrarán algunas de las características nuevas que presenta.

3.8.1 Selector hijo

Se le llama así a la definición de estilos directamente dependiente de otro selector. Trabaja de la misma manera que los selectores descendentes y la diferencia es la forma de aplicación del estilo. Su formato es el siguiente:

```
selectorpadre > selectorhijo {
   Definición de los estilos;
}
```

Por ejemplo:

El siguiente script define un tamaño, tipo de letra y color a la etiqueta <a>. Solo se aplicará la descendencia si esta se encuentra dentro de la etiqueta <p>.

```
p > a {
  font-size:18px;
  color:#00f;
  font-family:tahoma;
}
```

El siguiente código muestra el uso del selector:

```
<p>
    <a href="http://www.google.com">ir a google</a>
</p>
```

3.8.2 Selector adyacente

Se le llama así a la definición de estilos directamente dependiente de otro selector y que, cuando se aplique, también se encuentre directamente proporcional a su definición. Su formato es el siguiente:

```
selector1 + selector2 {
    Definición de estilos;
}
```

Por ejemplo:

El siguiente script presenta la implementación del estilo adyacente a los selectores h1 y h2 con tipo de letra "Tahoma" y color azul.

```
h1 + h2 {
  color: #0000ff;
  font-family: tahoma;
}
```

Para hacer referencia en un documento web se presenta el siguiente código, en el que el estilo será aplicado solo a la segunda línea del código, ya que h1 y h2 se encuentran de forma adyacente. Para aplicar el estilo se deben usar las etiquetas h1 y h2 de forma seguida.

```
<h1> uso de la etiqueta h1 </h1>
<h2> uso de la etiqueta h2 </h2>
<h2> uso nuevamente de la etiqueta h2 </h2>
```

3.9 Agrupación de reglas CSS

Es un ordenamiento de código repetitivo que permitirá agrupar estilos similares entre los elementos web. A continuación, se mostrará el formato de agrupación de estilos:

```
selector1, selector2 {
    Definición de estilos;
}
```

Por ejemplo:

El siguiente script muestra que dentro de un documento CSS se puede referenciar varias veces la misma etiqueta.

```
p {
font-family: tahoma;
}
p {
color: #ff0000;
}
p {
text-align:center;
}
```

La mejor manera de tratar dicho código es por medio de la agrupación. A continuación, un ejemplo:

```
p {
  font-family: tahoma;
  color: #ff0000;
  text-align:center;
}
```

Otra forma de agrupación es por elementos web distintos como, por ejemplo, las etiquetas <p>y <h1>, las cuales tienen propiedades comunes. En este caso, es posible agrupar su definición de la siguiente manera:

```
p,h1 {
  font-family: tahoma;
  color: #ff0000;
  text-align:center;
}
```

3.10 Modelos de cajas

Inicialmente, el término cajas es asociado a las tablas dentro de un documento web, pues cuando dicho documento presenta un diseño avanzado las tablas no resultan adecuadas para su uso. Por lo tanto, hacer uso de las etiquetas de contenido como <section>,<header>,<article> o <footer>, y un poco de código CSS, permitirá crear cajas en la pantalla y posicionarlas a disposición del diseñador.

De acuerdo con lo especificado es posible decir lo siguiente:

  a. Es posible componer párrafos estrechos.

  b. Se deben colocar imágenes que se ajusten a los diferentes bloques para que se acomoden correctamente en la pantalla.

  c. Los valores width y height, normalmente, son valores numéricos exactos o de un porcentaje.

  d. Cuando se asigne un valor cero la unidad de medida es opcional.

  e. Cuando el valor es diferente de cero, o no se especifica la unidad, la medida es completamente ignorada.

Por ejemplo:

El siguiente script presenta una definición sobre la caja de la etiqueta <header>:

```
header{
    background-color: gray;
    border: 5px chartreuse;
    width: 770px;
    height: 200px;

    -khtml-border-radius: 10px;
    -moz-border-radius: 10px;
    -webkit-border-radius: 10px;
    border-radius: 10px;
}
```

Este script se presenta de la siguiente manera. Además, se debe tener en cuenta que CSS3 divide las unidades de altura y anchura en dos grupos llamados absolutos y relativos.

3.10.1 Unidades relativas

Estas medidas definen su valor de acuerdo con la definición de otra. Por lo tanto, la definición de las unidades relativas se basa en una especie de fórmula. Algunas de sus características son las siguientes:

a. Se adaptan fácilmente a los diferentes medios, es decir, su definición se acondiciona al medio en que se la visualice como, por ejemplo, un dispositivo móvil o un ordenador personal.

b. Su valor no está completamente definido, pues siempre se basará en la definición de otro.

c. Son las unidades más usadas dentro de los documentos web.

A continuación, se muestran las tres unidades de medida relativas definidas por CSS3 y la referencia que toma cada una para determinar su valor real:

TIPO	DESCRIPCIÓN
| em | Es llamada unidad escalable y su tamaño es igual al de la fuente actual. Entonces, si la fuente del documento es 12 pt (12 puntos), 1 em es igual a 12 pt. En el caso de que sea 2 em sería igual a 24 pt. Por ejemplo:<br><br>```
p {
  font-size: 10px;
  text-indent: 2em;
}
```<br>La primera propiedad aplicada al selector p es el tamaño de letra a 10 px. La segunda propiedad es la tabulación al doble de lo definido en el valor del tamaño de letra, para este caso 20 px. |
| ex | Se puede especificar que el tamaño es relativo a tantas veces la altura de la letra x minúscula. Entonces, si la x en minúscula tiene un valor de 10 mm como tamaño de fuente, entonces se puede decir que 1 ex es 10 mm, 1.5 ex es 15 mm y 2 ex es 20 mm. Por ejemplo:<br><br>```
p {
  font-size: 10mm;
  text-indent: 2ex;
}
```<br>La tabulación especificada para los párrafos es 20 mm. |
| px | Cuando se trabaja con píxeles la especificación de los valores en alto y ancho tiene más precisión, especialmente para la salida en pantalla del ordenador. Por ejemplo:<br><br>```
body{
  font-size: 16px;
}
```<br>Un píxel es la menor unidad homogénea en color que forma parte de una imagen digital, a partir de aquí es cuando forma elementos visibles para el usuario.<br><br> |

3.10.2 Unidades absolutas

Las unidades absolutas definen las medidas de forma completa, ya que sus valores reales no se calculan ni tienen la referencia de otras medidas, sino que son asignados directamente como valor.
```

A continuación, se muestran las unidades de medida absolutas definidas por CSS:

TIPO	DESCRIPCIÓN

in	Especificación de medidas en pulgadas. Por ejemplo:
	
	``css
	body {
	  margin: 2.5in;
	}
	``
	
	Aquí se especifica el margen de arriba, abajo, izquierda y derecha del documento web.

cm	Especificación de medidas en centímetros. Por ejemplo:
	
	``css
	p {
	  line-height: 1.5;
	  font-size: 1em;
	}
	``
	
	La propiedad line-height define el espacio entre una línea y otra en un párrafo.

mm	Especificación de medidas en milímetros. Por ejemplo:
	
	``css
	p {
	  wordspacing: 4mm;
	}
	``
	
	La propiedad word-spacing permite definir el espacio entre palabras.

pt	Especificación de medidas de puntos. Es muy usado para los textos de documentos y es equivalente a 0.35 mm. Por ejemplo:
	
	``css
	a {
	  fontsize: 12pt
	}
	``
	
	Definición del tamaño del texto a 12 puntos para las etiquetas <a>.

pc	Especificación de medidas en picas, que es equivalente a 12 puntos.

%	La medida porcentaje permite definir un tanto por ciento del valor definido en el selector padre. Por ejemplo:
	
	``css
	p {
	  font-size:16px;
	}
	a {
	  font-size: 80%;
	}
	``
	
	Se ha definido el tamaño de párrafo a 16 px y el tamaño del texto del enlace en el 80 % asignado al párrafo, es decir, 12.8 px.

3.11 Márgenes y rellenos

Cuando se habla de márgenes y rellenos se hace referencia a los espacios que se generan tanto dentro como fuera de una etiqueta web. A continuación, se mostrará una imagen general de los espacios, bordes y márgenes de una etiqueta:

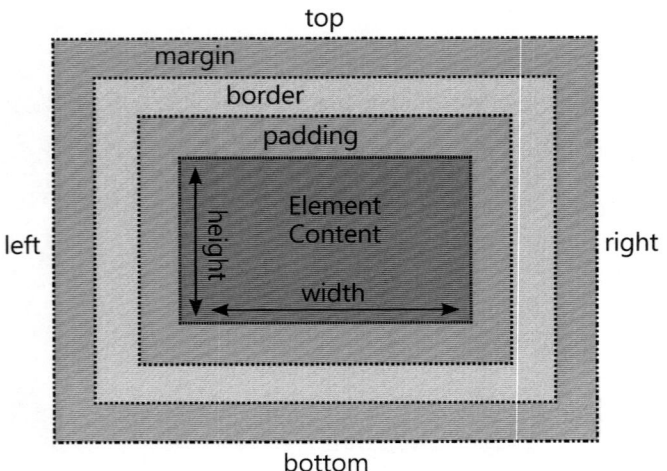

Figura 1. Márgenes y rellenos

Fuente: https://www.quora.com/What-are-the-differences-between-padding-margins-and-insets

Se debe entender que los elementos usados en un documento web ocupan un lugar. Estos pueden considerarse como elementos de bloque y elementos de línea, los cuales se especifican a continuación.

3.11.1 Elementos de bloque

Se les llama así porque siempre ocupan una nueva línea y ocupan todo el espacio de forma horizontal en el documento web. Las etiquetas HTML que son consideradas elementos por bloque son las siguientes:

address	Center	div	h1, h2, h3, h4, h5, h6
hr	Form	menu	p
pre	table	ul	dd, dt, td, th, tr

Por ejemplo:

El siguiente script define un estilo a la etiqueta <h1>, el cual ocupará una línea completa dentro del documento web. Si junto a la definición de la etiqueta <h1> se encuentran otros elementos, estos bajarán de línea y continuarán su diseño.

```
h1 {
    font-family: Verdana;
    color: #FFFFFF;
    text-decoration: none;
    border: none;
    font-size: 9px;
}
```

3.11.2 Elementos de línea

Se les llama así porque no comienzan en una nueva línea y solo ocupan el espacio necesario para mostrar su contenido. Las etiquetas HTML que son consideradas elementos por línea son las siguientes:

A	b	br	Cite
em	font	i	Small
strong	u	Input, select, textarea	

Por ejemplo:

El siguiente script elimina la decoración y los bordes de las imágenes.

```
img {
  text-decoration: none;
  border: none;
}
```

Para poder usarlo dentro de HTML se puede usar el siguiente código:

```
<a href="http://www.facebook.com"><img src="images/face.jpg"></a>
```

3.11.3 Color de fondo

Se usa especificando la propiedad "background-color" dentro de los selectores que referencien a las cajas.

Por ejemplo:

En el siguiente script se muestran las diferentes formas en las que se puede definir el color de fondo gris para el elemento section dentro del documento web.

```
section{
  background-color:red;
}

section{
  background-color:#FF0000;
}

section{
  background-color:rgb(255,0,0);
}

section{
  background-color:hsl(0,100%,100%);
}
```

3.11.4 Color al texto

Se usa especificando la propiedad "text-color" dentro de los selectores que referencien a los textos.

Por ejemplo:

En el siguiente script se muestran las diferentes formas en las que se puede definir el color azul gris para el elemento p dentro del documento web.

```
p{
 color:blue;
}

p{
 color:#0000FF;
}

p{
 color:rgb(0,0,255);
}

p{
 color:hsl(240,0%,100%);
}
```

3.11.5 Color al borde

Se usa especificando la propiedad "border-color" dentro de los selectores que referencien a los textos.

Por ejemplo:

En el siguiente script se muestran las diferentes formas en las que se puede definir el color negro para el elemento section dentro del documento web.

```
section {
 border-color:black;
}

section {
 border-color:#000000;
}

section {
 border-color:rgb(0,0,0);
}

section {
 border-color:hsl(0,0%,0%);
}
```

3.12 Bordes en CSS

Los bordes tienen una funcionalidad de tipo decorativa o, también, sirven simplemente para subrayar la separación entre dos elementos. A continuación, se muestran las propiedades que presentan los bordes al ser aplicados en las etiquetas web.

3.12.1 Ancho de borde

El ancho de borde se define por medio de la propiedad border-width, la cual tiene los siguientes valores:

A. Preestablecidos

Son los siguientes: thin, medium y thick.

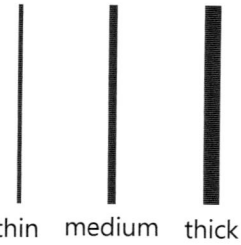

thin   medium   thick

```
border-width:thick;
border-style:solid;
```

Cuando se aplica un ancho de borde también se debe aplicar el estilo del borde. Por lo tanto, ambas líneas de código deben ser consideradas en el momento de especificar los anchos.

B. Definidos por píxeles

Aplica directamente un valor en píxeles.

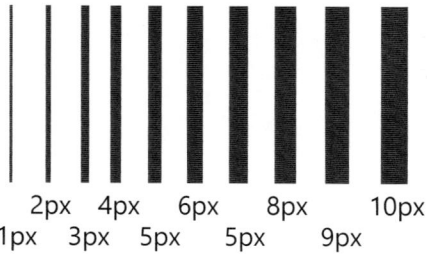

2px   4px   6px   8px   10px
1px   3px   5px   5px   9px

```
border-width: 10px;
border-style: solid;
```

Cuando se define el ancho de borde en píxeles se puede especificar el grosor que se crea conveniente. En el script anterior se especifica el grosor de borde en 10 px.

3.12.2 Color del borde

Es la propiedad border-color que permite la definición de los colores sobre un borde. Los valores pueden tener una notación hexadecimal o el nombre del color en inglés. A continuación, se mostrará la implementación del borde para la etiqueta h1 con un grosor de 10 px y color de borde rojo.

```
h1 {
border-width:10px;
border-color:#f00;
border-style:solid;
}
```

3.12.3 Estilo de borde

CSS3 presenta ocho tipos de estilos para los bordes, usados por medio de la propiedad border-style:

- **a. Dotted:** borde en forma de líneas consecutivas.

- **b. Dashed:** borde en forma de puntos consecutivos.

- **c. Solid:** borde de línea firme.

- **d. Double:** borde de doble línea firme.

- **e. Groove:** borde biselado.

- **f. Ridge:** borde biselado.

- **g. Inset:** borde biselado interno.

- **h. Outset:** borde biselado externo.

Por ejemplo:

El siguiente script muestra la definición del borde de la etiqueta <section> con un estilo de líneas consecutivas.

```
section {
    width: 550px;
    height: 150px;
    border-top-style: dotted;
    border-right-style: dotted;
    border-bottom-style: dotted;
    border-left-style: dotted;
}
```

También se puede definir de la siguiente manera:

```
section {
    width: 550px;
    height: 150px;
    border-style: dotted;
}
```

El siguiente script muestra la definición de un borde de color negro con un grosor de 5 px y un estilo de línea sólido.

```
section {
    width: 550px;
    height: 150px;
    border: 5px solid black;
}
```

El siguiente script muestra la definición de una sola línea del lado izquierdo, con un grosor de 6 px, estilo de línea sólida y color azul.

```
section {
    width: 550px;
    height: 150px;
    border-left: 6px solid blue;
    background-color: beige;
}
```

El siguiente script muestra cómo redondear las esquinas del borde con un radio de 15, con un grosor de 2 px, estilo de línea sólida y color negro.

```
section {
    width: 550px;
    height: 150px;
    border: 2px solid black;
    border-radius: 15px;
}
```

3.13 Espaciado en CSS

Define un determinado espacio entre el elemento y su interior. Se debe tener en cuenta que el valor del espaciado comienza en el borde del elemento.

Por ejemplo:

El script muestra la definición del margen aplicada a la etiqueta section para todos sus lados.

```
section{
    width: 345px;
    height: 390px;
    border: 2px solid black;
    border-radius: 10px;
    padding-top: 20px;
    padding-bottom: 20px;
    padding-left: 20px;
    padding-right: 20px;
```

```
}
img {
    width: 170px;
    height:194px;
}
```

También se puede definir de la siguiente manera:

```
section{
    width: 345px;
    height: 390px;
    border: 2px solid black;
    border-radius: 10px;
    padding: 20px 20px 20px 20px;
}
img {
    width: 170px;
    height:194px;
}
```

Si el margen es el mismo por todos los lados, se podría definir de la siguiente manera:

```
section{
    width: 345px;
    height: 390px;
    border: 2px solid black;
    border-radius: 10px;
    padding: 20px;
}
img {
    width: 170px;
    height:194px;
}
```

3.14 Textos en CSS

Define el formato que pueden tener los textos dentro de un documento web.

Por ejemplo:

El siguiente script muestra la definición de la decoración sobre un texto.

```
#lineaUp {
    text-decoration: overline;
}
```

```
#lineaMid {
    text-decoration: line-through;
}

#lineaDown{
    text-decoration: underline;
}
```

El script se mostrará:

Línea Arriba

~~Línea Medio o Tachado~~

Línea Abajo o Subrayado

Asimismo, se pueden convertir los textos en mayúsculas, minúsculas y la primera letra en mayúscula con el siguiente código:

```
#mayuscula{
    text-transform: uppercase;
}

#minuscula {
    text-transform: lowercase;
}

#primeraLetra {
    text-transform: capitalize;
}
```

El siguiente script define una transformación por cada cambio de mayúscula, minúscula y primera letra, de tal forma que se observa de la siguiente manera:

LETRA MAYÚSCULA

letra minúscula

Primera Letra

El siguiente código muestra cómo espaciar carácter por carácter en un párrafo.

```
#espaciado {
    letter-spacing: 11px;
    font-size: 12px;
}
```

Al asociarlo al código HTML se podría ver de la siguiente manera:

```
<section>
    <p>LIBRO HTML5 y CSS3</p>
    <p id="espaciado">DISEÑO WEB</p>
</section>
```

LIBRO HTML5 Y CSS3

D I S E Ñ O   W E B

De este modo, también es posible controlar el espacio entre las líneas de un párrafo. Se muestra el siguiente código:

```
#espaciado {
    letter-spacing: 9px;
    font-size: 12px;
}

section>p{
    line-height: 0.3;
}
```

Al asociarlo al código HTML debería verse de la siguiente manera:

```
<section>
        <p>LIBRO HTML5 y CSS3</p>
        <p id="espaciado">DISEÑO WEB</p>
</section>
```

LIBRO HTML5 y CSS3
D I S E Ñ O   W E B

3.15 Alineación en CSS

Permite alinear elementos web dentro de un contenedor web, como la etiqueta <body>, <section> o <p>.

Por ejemplo:

El siguiente script presenta la definición del centrado de un texto dentro de un contenedor. Para este caso se usa la etiqueta <p>.

```
p{
    text-align: center;
    border: 3px solid gray;
    padding: 15px;
}
```

Asimismo, se verá de la siguiente manera:

```
LIBRO HTML5 y CSS3
```

Asimismo, se puede centrar una imagen con respecto a un elemento de tipo <section> con el siguiente código:

```css
section{
    width: 345px;
    height: 220px;
    padding: 5px;
    border: 2px solid black;
    border-radius: 10px;
}

img{
    display: block;
    margin-left: auto;
    margin-right: auto;
    width: 40%;
}
```

Cuando se asocia al código HTML, el documento web se debe mostrar de la siguiente manera:

```html
<section>
   <img src="images/nino4.jpg"/>
</section>
```

Finalmente, se tiene el siguiente código para centrar una imagen con respecto al tamaño total de un documento web:

```css
table{
    margin-right:auto;
    margin-left:auto;
    border: 1px solid blue;
}

img{
    width: 450px;
    height: 310px;
}
```

Cuando se asocia al código HTML, el documento web debe ser de la siguiente manera:

```
<table>
  <tr>
    <td>
      <img src="images/foto.jpg">
    </td>
  </tr>
</table>
```

3.16 Enlaces en CSS

Define características sobre el texto de enlace a otros documentos web.

Por ejemplo:

El siguiente script define el color azul al texto de enlace a un documento web.

```
a{
    font-family: tahoma;
    font-size: 14px;
    color: blue;
}
```

Asimismo, se pueden definir colores de acuerdo con el estado del enlace.

Por ejemplo:

En el siguiente script, se define el color rojo cuando el enlace se muestra en la web sin seleccionar. Después, se aplica el color verde si ya se visitó dicho enlace, el color negro cuando se posiciona el ratón por encima de este y el color azul si se selecciona.

```
body{
    font-family: tahoma;
```

```
    font-size: 14px;
}

/* Color inicial */
a:link {
    color: red;
}

/* Color de enlace visitado */
a:visited {
    color: green;
}

/* Color al color mouse encima */
a:hover {
    color: black;
}

/* Color de enlace seleccionado */
a:active {
    color: blue;
}
```

El siguiente script define un formato sin subrayado para los enlaces iniciales y visitados. El enlace se mostrará subrayado si se posiciona el ratón encima o si se encuentra seleccionado.

```
body{
    font-family: tahoma;
    font-size: 14px;
}

a:link {
    text-decoration: none;
}

a:visited {
    text-decoration: none;
}
a:hover {
    text-decoration: underline;
}

a:active {
    text-decoration: underline;
}
```

El siguiente script define un color de relleno amarillo si el enlace se encuentra en el estado inicial; si se visita, se rellena de color cian; si se pasa, el ratón se muestra en color verde y, al seleccionarlo, se muestra de color negro.

```css
body{
    font-family: tahoma;
    font-size: 14px;
}

a:link {
    background-color: yellow;
}

a:visited {
    background-color: cyan;
}

a:hover {
    background-color: green;
}

a:active {
    background-color: black;
}
```

El siguiente script define un color de fondo rojo y al posicionar el ratón el fondo cambia a color verde.

```css
body{
    font-family: tahoma;
    font-size: 14px;
}

a:link, a:visited {
    background-color: #FF0000;
    color: white;
    padding: 14px 25px;
    text-align: center;
    text-decoration: none;
    display: inline-block;
}

a:hover, a:active {
    background-color: green;
}
```

3.17 Posicionamiento CSS

Cuando los elementos web como las etiquetas HTML o el mismo código CSS son agregados dentro de un documento, se procesan de una manera especial y son, finalmente, entendidos por el navegador. Como cada selector genera una caja se debe tener en cuenta lo siguiente:

- **a.** Definición del alto y ancho de la caja, sea o no establecida.
- **b.** Identificación del tipo de etiqueta HTML, ya sea un elemento de bloque o en línea.
- **c.** Definición del posicionamiento de la caja.
- **d.** Establecimiento del tamaño del navegador.
- **e.** Establecimiento del tamaño de las imágenes.

En vista de que los elementos HTML son colocados en una posición estándar dentro del documento web, es posible modificar dichas posiciones según sea conveniente. Para esto se deben considerar las siguientes propiedades:

- **a.** Posicionamiento normal, posicionamiento relativo.
- **b.** Posicionamiento absoluto, posicionamiento fijo, posicionamiento flotante.

3.17.1 Posicionamiento normal

Es llamado también estático y es el más usado entre los navegadores. El nombre estático no resulta el más adecuado, pues, en realidad, los cuadros con position:static no se "posicionan" en el sentido del CSS. Por el contrario, se posicionan en el orden en el que aparecen en el etiquetado y ocupan todo el espacio que necesitan. Este es el comportamiento por defecto que se da cuando no se aplica ningún CSS al HTML.

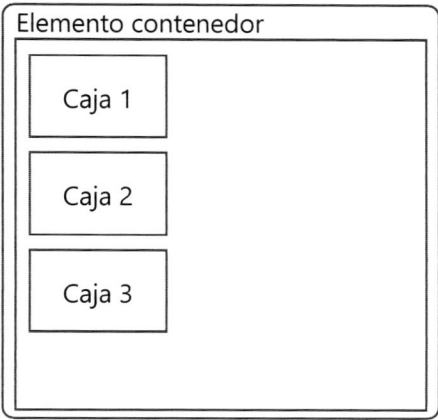

Figura 2. Posicionamiento normal

Se debe tener en cuenta que, al no definir un determinado posicionamiento, se estaría especificando el posicionamiento normal. Su formato es el siguiente:

```
selector {
    position: static;
}
```

3.17.2 Posicionamiento relativo

El posicionamiento relativo mantiene los elementos en el flujo normal, desplazándolos de su posición por defecto. El control de las cajas se controla mediante las propiedades top, right, bottom y left. Este tipo de posicionamiento no se usa habitualmente, ya que se puede conseguir el mismo resultado utilizando márgenes. Cabe tener en cuenta que los márgenes pueden tener un valor positivo o negativo, por lo que en la mayoría de casos se obtendría un resultado idéntico.

A continuación, se mostrará la implementación de la propiedad position para el selector h1, en el que se le debe asignar 10 px de la parte superior y 40 px de la posición izquierda.

```
selector {
    position: relative;
    top: valortop;
    left: valorleft;
    right: valorright;
    bottom: valorbottom;
}
```

Donde:

- **Selector:** es el nombre del selector al que se le aplicarán las propiedades definidas en el CSS.

- **Position relative:** activación de la propiedad posicionamiento relativo al selector seleccionado.

- **Top:** definición de la distancia superior hacia abajo.

- **Left:** definición de la distancia desde la izquierda hacia la derecha.

- **Right:** definición de la distancia desde la derecha hacia izquierda.

- **Bottom:** definición de la distancia inferior hacia arriba.

3.17.3 Posicionamiento absoluto

El elemento que se posiciona de forma absoluta no ocupa espacio alguno en el documento. Esto significa que no deja un espacio vacío después de ser posicionado.

Para posicionar un elemento de forma absoluta, la propiedad position se establece como absolute. Posteriormente se pueden usar las propiedades left, right, top y bottom para colocar la caja. Su formato es el siguiente:

```
selector{
    position:absolute;
    top: valortop;
    left: valorleft;
    right: valorright;
    bottom: valorbottom;
}
```

Donde:

- **Selector:** es el nombre del selector al que se le aplicarán las propiedades definidas en el CSS.
- **Position absolute:** activación de la propiedad posicionamiento absoluto al selector seleccionado.
- **Top:** definición de la distancia superior hacia abajo.
- **Left:** definición de la distancia desde la izquierda hacia la derecha.
- **Right:** definición de la distancia desde la derecha hacia la izquierda.
- **Bottom:** definición de la distancia inferior hacia arriba.

3.17.4 Posicionamiento fijo

El posicionamiento fijo tiene muchos puntos en común con el posicionamiento absoluto, ya que también se indican las coordenadas en las que se quiere posicionar el elemento.

La diferencia respecto al posicionamiento absoluto es que el bloque se queda fijado en la página, sin moverse al utilizar la barra de desplazamiento. Es útil su uso en ciertos tipos de menús, cabeceras o elementos que tengan que estar siempre visibles en la página. Su formato es el siguiente:

```
selector{
    position:fixed;
    top: valortop;
    left: valorleft;
    right: valorright;
    bottom: valorbottom;
}
```

Donde:

- **Selector:** es el nombre del selector al que se le aplicarán las propiedades definidas en el CSS.
- **Position fixed:** activación de la propiedad posicionamiento fijo al selector seleccionado.
- **Top:** definición de la distancia superior hacia abajo.
- **Left:** definición de la distancia desde la izquierda hacia la derecha.
- **Right:** definición de la distancia desde la derecha hacia la izquierda.
- **Bottom:** definición de la distancia inferior hacia arriba.

3.17.5 Posicionamiento flotante

Su nombre suena complejo, pero es la posición más utilizada. La mayoría de las estructuras de las páginas web complejas están diseñadas con el posicionamiento flotante, como se verá más adelante.

Cuando una caja se posiciona con el modelo de posicionamiento flotante, automáticamente se convierte en flotante, lo cual significa que se desplaza hasta la zona más a la izquierda o más a la derecha de la posición en la que originalmente se encontraba. El formato es el siguiente:

```
selector{
    float: posicion;
}
```

3.18 Caso desarrollado 1: Estilo de línea

Implemente el siguiente modelo de documento web usando la aplicación de CSS al estilo de línea:

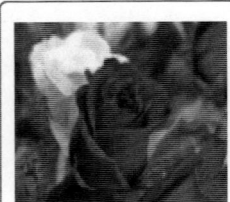

Una Flor - Jerónimo Ossa (Panamá)

Una tarde bendecida me diste, amada, una flor, y de entonces su perfume embriaga mi corazón. Era un jazmín blanco y puro, mas no tanto como tú; emblema de mis ensueños símbolos de tu vida. Yo lo conservo en mi pecho y en él siempre vivirá; lo han marchitado mis besos y lo he regado al llorar.

Leer más...!!!

Para este caso, según el uso de los estilos declarados en la misma línea de la etiqueta, se necesita un solo archivo llamado index.html.

Index.html

```html
<!DOCTYPE html>
<html>
    <head>
        <title>Estilo de Línea</title>
        <meta charset="UTF-8">
        <meta name="viewport" content="width=device-width, initial-scale=1.0">
    </head>
    <body>
        <table style="width: 500px; border:0; cellspacing:0; cellpadding:0">
            <tr>
                <td style="font-family:Tahoma; font-size:12px; line-height:14px;
                        color:#2A2A2A" valign="top">
                    <section style="margin-left:20px; margin-top:20px;
                            margin-right:35px; margin-bottom:px">
                        <img src="images/foto.jpg" style="float: left; width: 119px;
                                                height: 105px;
                                margin-right:10px; margin-to-
p:0px">
                        <strong>Una Flor - Jerónimo Ossa (Panamá)</strong><br>
                        <br>
                        Una tarde bendecida me diste, amada, una flor, y de entonces
                        su perfume embriaga mi corazón. Era un jazmín blanco y puro,
                        mas no tanto como tú; emblema de mis ensueños, símbolos de tu
                        vida. Yo lo conservo en mi pecho y en él siempre vivirá; lo
                        han marchitado mis besos y lo he regado al llorar.<br>
                        <footer style="float:right; margin-left:0px;
```

```
                                margin-top:6px">
                    <a href="#">Leer más...!!!</a>
                </footer>
            </section>
        </td>
    </tr>

    </table>
    </body>
</html>
```

3.19 Caso desarrollado 2: Estilo a nivel de página

Implemente el siguiente modelo de documento web usando la aplicación de CSS al estilo a nivel de página.

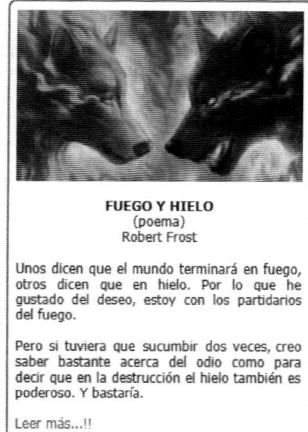

Para este caso, según el uso de los estilos declarados en la misma página, se necesita un solo archivo llamado index.html.

Index.html

```
<!DOCTYPE html>
<html>
    <head>
        <meta charset=UTF-8>
        <title>Manejo de Estilo de Página</title>
        <style>
            /*Estilos de Etiqueta*/
            table{
                border:0;
                cellspacing:0;
                cellpadding:0;
            }
            td {
                width: 250px;
```

```
                    text-align: justify;
                    font-family:tahoma;
                    font-size:12px;
                    color: black;
                }

                a {text-decoration:none;
                   color:red;
                }

                header{
                    text-align: center;
                }

                body {
                    margin:0px;
                    padding:0px;
                }
                section{
                    margin:24px 18px 0px 21px;
                }

                /*Estilo de Identificación*/
                #imagen{
                    width: 250px;
                }

                /*Estilo por clase*/
                .link {
                    font-size:12px;
                }
        </style>
    <body>
        <table >
            <tr>
                <td>
                    <section>
                        <img src="images/foto.jpg" id="imagen"><br><br>
                        <header>
                            <strong>FUEGO Y HIELO</strong><br>
                            (poema)<br>
                            Robert Frost<br><br>
                        </header>
                    Unos dicen que el mundo terminará en fuego, otros dicen que en
                        hielo. Por lo que he gustado del deseo,
```

```
                    estoy con los partidarios del fuego. <br><br>
                    Pero si tuviera que sucumbir dos veces, creo saber bastante
                acerca del odio como para decir que en la destrucción el hielo
                    también es poderoso. Y bastaría.<br>
                    <br>
                    <a href="#" class="link">Leer más...!!</a>
                </section>
            </td>
        </tr>
    </table>
</body>
</html>
```

3.20 Caso desarrollado 3: Estilo externo

Implemente el siguiente modelo de documento web usando la aplicación de CSS al estilo externo.

Para este caso, los estilos se guardarán en un archivo externo dentro del mismo proyecto llamado estilo.css y el documento web se llamará index.html.

estilo.css

```
body {
    padding:0;
    margin:10;
    color:#000000;
    font-family:Tahoma;
    font-size:12px;
    line-height:18px;
}
td{
    padding: 0;
    background-image:url(images/foto.jpg);
    width:359px;
    height:144px;
    float: top;
```

```
}
.link{
    color:blue;
    float: right;
}
section{
    margin-left:146px;
    margin-top:40px;
    margin-right:15px;

}
```

Index.html

```
<!DOCTYPE html>
<html>
    <head>
        <title>Manejo Estilos Externos</title>
        <meta charset="UTF-8">
        <link href="estilo.css" rel="stylesheet" type="text/css"/>
        <meta name="viewport" content="width=device-width, initial-scale=1.0">
    </head>
    <body>
        <table >
            <tr>
                <td>
                    <section>
                        Largo se le hace el día a quien no ama
                        y él lo sabe. Y él oye ese tañido
                        corto y duro del cuerpo.<br>
                        <br>
                        <a href="#" class="link">Leer más...!!</a>
                    </section>
                </td>
            </tr>
        </table>
    </body>
</html>
```

3.21 Caso desarrollado 4: Estilo importado

Implemente el siguiente modelo de documento web usando la aplicación de CSS al estilo importado:

La Amistad
Los amigos son compañeros de viaje que nos ayudan a avanzar por el camino de una vida más feliz.

Más que amistad
La amistad es más difícil y más rara que el amor. Por eso, hay que salvarla como sea.

Leer más...!!

Para este caso, los estilos se guardarán en un archivo externo dentro del mismo proyecto llamado estilo.css y el documento web se llamará index.html.

estilo.css

```css
/*Estilos de Etiqueta*/
body {
    margin: 10px;
    padding: 0px;
    text-align: left;
    font-family: tahoma;
    font-size: 12px;
    color: black;
    line-height: 14px;
}

section {
    width: 300px;
}

a {
    text-decoration:underline;
    color:#519FC3;
}

/*Estilos de Identificación*/
#marco1{
    background:url(images/bg5.jpg) bottom left no-repeat;
    margin:12px 10px 15px 19px;
}

#marco2{
    margin:14px 0px 0px 90px;
}
```

```
/*Estilos de Clase*/
.linea{
    width:250px;
    height:1px;
}

.link{
    float: right;
}

Index.html
<!DOCTYPE html>
<html>
    <head>
        <title>Manejo Estilo Importado</title>
        <meta charset="UTF-8">
        <style type="text/css">
            @import url("estilo.css");
        </style>
        <meta name="viewport" content="width=device-width, initial-scale=1.0">
    </head>
    <body>
        <section id='marco1' >
            <section id='marco2'>
                <strong>La Amistad</strong><br>
                Los amigos son compañeros de viaje que nos ayudan a avanzar por el
                camino de una vida más feliz<br>
                <img src="images/l.gif" class='linea'><br><br>
                <strong>Más que amistad</strong><br>
                La amistad es más difícil y más rara que el amor. Por eso, hay que
                salvarla como sea.<br><br>
                <strong><a href="#" class="link">Leer más...!!</a></strong>
            </section>
        </section>
    </body>
</html>
```

3.22 Caso desarrollado 5: Posicionamiento relativo

Implemente el siguiente modelo de documento web aplicando el posicionamiento relativo del CSS.

Para este caso, se debe contar con cuatro imágenes guardadas en la carpeta "images" del proyecto. Asimismo, se usará el estilo externo, para lo cual será necesario un archivo de estilos llamado estilo.css y otro que contenga todo el script HTML5 llamado index.html:

estilo.css

```css
body{
    font-family:"Tahoma";
}
h1{
    position: relative;
    top: -30px;
    left: 0px;
}
h4 {
    position:relative;
    text-align: right;
    top: -50px;
    color:#000;
}
img {
    position:relative;
    top: -60px;
    width: 180px;
    height:194px;
}
section{
    width: 735px;
    height: 240px;
    background-color: gainsboro;
    padding: 15px;
}
```

index.html

```
<!DOCTYPE html>
<html>
    <head>
        <title>Posicionamiento Relativo</title>
        <meta charset="UTF-8">
        <link href="estilo.css" rel="stylesheet" type="text/css"/>
        <meta name="viewport" content="width=device-width, initial-scale=1.0">
    </head>
    <body>
        <section>
            <h1>CONSULTORIO VETERINARIO</h1>
            <h4>* LO MEJOR PARA SU MASCOTA *</h4>
            <img src="images/animal1.jpg"/>
            <img src="images/animal2.jpg"/>
            <img src="images/animal3.jpg"/>
            <img src="images/animal4.jpg"/>
        </section>
    </body>
</html>
```

3.23 Caso desarrollado 6: Posicionamiento absoluto

Implemente el siguiente modelo de documento web aplicando el posicionamiento absoluto del CSS.

Para este caso, se debe contar con cuatro imágenes guardadas en la carpeta "images" del proyecto. Asimismo, se usará el estilo externo, para lo cual será necesario un archivo de estilos llamado estilo.css y otro que contenga todo el script HTML5 llamado index.html:

estilo.css

```
body{
    font-family:"Tahoma";
}

section{
    width: 870px;
```

```
    background-color: aliceblue;
    padding: 10px;
}
h1{
    text-align:center;
}
h3 {
    position: absolute;
    padding: 10px;
    background-color:#000;
    color:#fff;
    top: 242px;
    left: 300px;
    z-index:1;
}
img {
    position:relative;
    width: 170px;
    height:194px;
}
```

index.html

```
<!DOCTYPE html>
<html>
    <head>
        <title>Posicionamiento Absoluto</title>
        <meta charset="UTF-8">
        <link href="estilo.css" rel="stylesheet" type="text/css"/>
        <meta name="viewport" content="width=device-width, initial-scale=1.0">
    </head>
    <body>
        <section>
            <h1>GUARDERÍA - CHILDREN FUTURE</h1>
            <h3>SUS NIÑOS EN BUENAS MANOS</h3>
            <img src="images/nino1.jpg"/>
            <img src="images/nino2.jpg"/>
            <img src="images/nino3.jpg"/>
            <img src="images/nino4.jpg"/>
            <img src="images/nino5.jpg"/>
        </section>
    </body>
</html>
```

3.24 Caso desarrollado 7: Posicionamiento flotante

Implemente el siguiente modelo de documento web aplicando el posicionamiento flotante del CSS.

Para este caso, se debe contar con cuatro imágenes guardadas en la carpeta "images" del proyecto. Asimismo, se usará el estilo externo, para lo cual será necesario un archivo de estilos llamado estilo.css y otro que contenga todo el script HTML5 llamado index.html:

estilo.css

```css
body{
    font-family:"Tahoma";
    margin: 5px;
}
section{
    width: 600px;
    background-color: lightblue;
}
h1{
    text-align:center;
}
p{
    padding: 10px;
    text-align:justify;
}
img {
    float:left;
    padding: 10px;
    width: 220px;
    height:180px;
}
```

index.html

```html
<!DOCTYPE html>
<html>
    <head>
        <title>Posicionamiento Flotante</title>
```

```html
        <meta charset="UTF-8">
        <link href="estilo.css" rel="stylesheet" type="text/css"/>
        <meta name="viewport" content="width=device-width, initial-scale=1.0">
    </head>
    <body>
        <section>
            <h1>PISCO SOUR</h1>
            <img src="images/pisco.jpg"/>
            <p>
                La bebida nacional del Perú es el pisco. Se trata de un destilado o
                aguardiente de uva cuya producción se inició a fines del siglo XVI en
                la provincia de Pisco (actualmente ubicada en el departamento de Ica)
                y se extendió, posteriormente, a las haciendas de la Costa peruana.
            </p>
            <p>
                <a href="#">Leer más...!!</a>
            </p>
        </section>
    </body>
</html>
```

4.1 Formato básico

4.1.1 Las etiquetas de cabecera

La etiqueta <h> presenta los textos de modo resaltado, como corresponde a los títulos de un determinado artículo, comentario, etc. Para implementar cabeceras dentro del documento web se usarán las siguientes etiquetas: <header>, <hgroup>, <h1>, <h2>, <h3>, <h4>, <h5> y <h6>. Su formato es el siguiente:

```
<header>
    <h1> Contenido de la cabecera </h1>
    <h2> Contenido de la cabecera </h2>
    <h3> Contenido de la cabecera </h3>
    <h4> Contenido de la cabecera </h4>
    <h5> Contenido de la cabecera </h5>
    <h6> Contenido de la cabecera </h6>
</header>
```

Cada etiqueta presenta un tamaño predeterminado, que comienza en <h1>, con el tamaño más grande, hasta <h6>, con el tamaño más pequeño. Por otro lado, se pueden agrupar las etiquetas de cabecera mediante la etiqueta <header> de la siguiente manera:

A continuación, se mostrará el script para la siguiente imagen:

FORMATEANDO TEXTOS HTML
E T I Q U E T A S   D E   C A B E C E R A

estilo.css

```
body{
    font-family: Tahoma;
}
h1{
```

```
    position: relative;
    top: 0px;
    left: 0px;
}
h3 {
    position:relative;
    text-align: left;
    top: -20px;
    color:#000;
    letter-spacing: 12px;
}

index.html
<!DOCTYPE html>
<html>
    <head>
        <meta charset="UTF-8">
        <link href="estilo.css" rel="stylesheet" type="text/css"/>
        <meta name="viewport" content="width=device-width, initial-scale=1.0">
    </head>
    <body>
        <h1>FORMATEANDO TEXTOS HTML</h1>
        <h3>ETIQUETAS DE CABECERA</h3>
    </body>
</html>
```

También se podrían agrupar dentro de la etiqueta <header> de la siguiente manera:

```
<!DOCTYPE html>
<html>
    <head>
        <meta charset="UTF-8">
        <link href="estilo.css" rel="stylesheet" type="text/css"/>
        <meta name="viewport" content="width=device-width, initial-scale=1.0">
    </head>
    <body>
        <header>
            <h1>FORMATEANDO TEXTOS HTML</h1>
            <h3>ETIQUETAS DE CABECERA</h3>
        </header>
    </body>
</html>
```

4.1.2 La etiqueta de párrafo <p>

Esta etiqueta representa un párrafo dentro del documento web. Si se tiene en cuenta que dentro de una página web siempre habrá textos, esta etiqueta será la más usada.

La característica más común que presenta la etiqueta <p> es que, cuando termina de presentar su párrafo, imprime una línea en blanco no visible por el usuario como si fuera un punto aparte.

A continuación se mostrará el uso de la etiqueta <p> dentro de un section:

ETIQUETAS H1,H2,H3,H4,H5,H6

Presenta los textos de modo resaltado como corresponde a los títulos de un determinado artículo, comentario, etc.

ETIQUETA P

Esta etiqueta representa un párrafo dentro del documento web. Si se tiene en cuenta que dentro de una página web siempre habrá textos, esta etiqueta será la más usada. La característica más común que presenta la etiqueta es que, cuando termina de presentar su párrafo, imprime una línea en blanco no visible por el usuario como si fuera un punto aparte.

Leer más...!!

estilo.css

```css
body{
    font-family: Tahoma;
}
section {
    width: 500px;
    margin:5px;
    padding: 15px;
    background-color: bisque;
}

h3{
    text-transform: uppercase;
}

p{
    text-align: justify;
}
```

index.html

```html
<!DOCTYPE html>
<html>
    <head>
```

```
            <meta charset="UTF-8">
            <link href="estilo.css" rel="stylesheet" type="text/css"/>
            <meta name="viewport" content="width=device-width, initial-scale=1.0">
        </head>
        <body>
            <section>
                <h3>Etiquetas h1,h2,h3,h4,h5,h6</h3>
                <p>Presenta los textos de modo resaltado, como corresponde a los
                    títulos de un determinado artículo, comentario, etc. </p>

                <h3>Etiqueta p</h3>
                <p>Esta etiqueta representa un párrafo dentro del documento web. Si
                    se tiene en cuenta que dentro de una página web siempre habrá
                    textos, esta etiqueta será la más usada. La característica más
                    común que presenta la etiqueta es que, cuando termina de presentar
                    su párrafo, imprime una línea en blanco no visible por el usuario
                    como si fuera un punto aparte.</p>
                <a href="#" class="link">Leer más...!!</a>
            </section>
        </body>
    </html>
```

A continuación, se mostrará el uso de la etiqueta <p> integrada en las listas:

> El uso de p debería limitarse, únicamente debería ser utilizado cuando no exista otro elemento más específico.
>
> - El elemento p siempre debe tener una etiqueta de inicio, pero la etiqueta de cierre puede ser omitida si está seguido por un elemento address, article, aside, blockquote, dir, div, dl, fieldset, footer, form, h1, h2, h3, h4, h5, h6, header, hr, menu, nav, ol, p, pre, section, table, o ul, o si la etiqueta que la contiene termina su contenido y se cierra.
>
> - El navegador realiza un ajuste automático de los párrafos al ancho de pantalla determinado por la ventana del programa navegador.
>
> Fuente: https://www.w3schools.com

estilo.css

```css
body{
    font-family: Tahoma;
}
section {
    width: 500px;
    margin:5px;
    padding: 15px;
```

```
    background-color: bisque;
}


p{
    text-align: justify;
}
```

index.html

```html
<!DOCTYPE html>
<html>
    <head>
        <meta charset="UTF-8">
        <link href="estilo.css" rel="stylesheet" type="text/css"/>
        <meta name="viewport" content="width=device-width, initial-scale=1.0">
    </head>
    <body>
        <section>
            <p>El uso de p debería limitarse, únicamente debería ser utilizado
                cuando no exista otro elemento más específico.</p>
            <ul>
                <li>
                    <p>El elemento p siempre debe tener una etiqueta de inicio,
                        pero la etiqueta de cierre puede ser omitida si está
                        seguido por un elemento address, article, aside,
                        blockquote, dir, div, dl, fieldset, footer, form, h1, h2,
                        h3, h4, h5, h6, header, hr, menu, nav, ol, p, pre,
                        section, table, o ul, o si la etiqueta que la contiene
                        termina su contenido y se cierra.</p>
                <li>
                    <p>El navegador realiza un ajuste automático de los párrafos
                        al ancho de pantalla determinado por la ventana del
                        programa navegador.</p>
            </ul>
            <p>Fuente: https://www.w3schools.com</p>
        </section>
    </body>
</html>
```

4.1.3 La etiqueta de cambio de línea

La etiqueta <p> </p> agrega un renglón en blanco y, después, muestra el siguiente elemento web.
Eso quiere decir que, hasta que no se encuentre la etiqueta </p> de cierre, no habrá cambio de línea.
Se puede forzar a un cambio de línea dentro o fuera de un párrafo usando la etiqueta <br>. Por otro
lado, los espacios en blanco adicionales o cambios de líneas forzados no serán interpretados por el
navegador. Su formato es: <br>.

A continuación, se mostrará el uso de la etiqueta <br> dentro de un section:

Manuel Torres Re
Consultor Informático

Direct Number: (051) 998-588547
Movil Number: (051) 985-458789
House: (051) 522-1123

estilo.css

```css
body{
    font-family: Tahoma;
}
section {
    width: 250px;
    margin:5px;
    padding: 15px;
    background-color: bisque;
}
```

index.html

```html
<!DOCTYPE html>
<html>
    <head>
        <meta charset="UTF-8">
        <link href="estilo.css" rel="stylesheet" type="text/css"/>
        <meta name="viewport" content="width=device-width, initial-scale=1.0">
    </head>
    <body>
        <section>
            <strong>Manuel Torres Re<br>
                Consultor Informático</strong>
            <br>
            <br style="line-height:25px">
            Direct Number: (051) 998-588547<br>
            Movil Number: (051) 985-458789<br>
            House: (051) 522-1123
        </section>
    </body>
</html>
```

4.2 Etiquetas para fragmentos de textos

4.2.1 La etiqueta <strong>

Permite dar un énfasis fuerte sobre un contenido textual, dentro del documento web, al producir un efecto visual de negrita sobre dicho texto. Se debe considerar que <strong> separa la presentación del contenido, por lo que la presentación dependerá del navegador o de la hoja de estilo. Es importante mencionar esto porque también existe la etiqueta <b>, la cual aplica un énfasis fuerte, es decir, negrita, pero lo realiza directamente como presentación visual.

Asimismo, está permitido el uso de la etiqueta <b> en HTML5, pero no está totalmente recomendada; se sugiere que <b> sea usada como último recurso. La etiqueta <strong> se usa principalmente para definir un texto importante en el documento. Su formato es el siguiente:

```
<strong>
    <!-- contenido resaltado -->
</strong>
```

El equivalente en estilo CSS para la negrita sería el siguiente:

```
#resaltado{
    font-weight:800;
}
```

O también:

```
#resaltado{
    font-weight:bold;
}
```

A continuación, se mostrará el uso de la etiqueta <strong> dentro de un section:

estilo.css

```
body{
    font-family:"Tahoma";
    margin: 5px;
}
section{
    width: 600px;
```

```
    background-color: lightblue;
}
h1{
    text-align:center;
}
p{
    padding: 10px;
    text-align:justify;
}
```

index.html

```
<!DOCTYPE html>
<html>
    <head>
        <meta charset="UTF-8">
        <link href="estilo.css" rel="stylesheet" type="text/css"/>
        <meta name="viewport" content="width=device-width, initial-scale=1.0">
    </head>
    <body>
        <section>
            <h1>PISCO SOUR</h1>
            <p>
                La bebida nacional del <strong>Perú</strong> es el pisco. Se
                trata de un destilado o aguardiente de uva cuya producción se
                inició a fines del <strong>siglo XVI</strong> en la provincia de
                <strong>Pisco</strong> (actualmente ubicada en el departamento de
                <strong>Ica</strong>) y se extendió, posteriormente, a las
                haciendas de la Costa peruana.
            </p>
            <p>
                <strong><a href="#">Leer más...!!</a></strong>
            </p>
        </section>
    </body>
</html>
```

4.2.2 La etiqueta <mark>

Permite resaltar un texto importante dentro de un párrafo. La idea es diferenciarlo del resto resaltándolo con un color determinado, semejante al modo en el que se destacaría un texto impreso con un plumón resaltador. Su formato es el siguiente:

```
<mark>
<!-- contenido del texto resaltado -->
</mark>
```

A diferencia de la etiqueta <strong> y <em>, las cuales permiten dar importancia al texto aplicando negrita y cursiva, respectivamente, la etiqueta <mark> resalta el texto de color amarillo.

A continuación, se mostrará el uso de la etiqueta <mark> dentro de un section.

estilo.css

```css
body{
    font-family:"Tahoma";
    margin: 5px;
}
section{
    width: 600px;
    background-color: lightblue;
}
h1{
    text-align:center;
}
p{
    padding: 10px;
    text-align:justify;
}
```

index.html

```html
<!DOCTYPE html>
<html>
    <head>
        <meta charset="UTF-8">
        <link href="estilo.css" rel="stylesheet" type="text/css"/>
        <meta name="viewport" content="width=device-width, initial-scale=1.0">
    </head>
    <body>
        <section>
            <h1>PISCO SOUR</h1>
            <p>
                La bebida nacional del <mark>Perú</mark> es el pisco. Se trata de
                un destilado o aguardiente de uva cuya producción se inició a
                fines del <mark>siglo XVI</mark> en la provincia de
```

```
                <mark>Pisco</mark> (actualmente ubicada en el departamento de
                <mark>Ica</mark>) y se extendió, posteriormente, a las haciendas de
                la Costa peruana.
            </p>
            <p>
                <mark><a href="#">Leer más...!!</a></mark>
            </p>
        </section>
    </body>
</html>
```

4.2.3 La etiqueta <i>

La etiqueta <i> se utiliza para dar énfasis a un texto dentro de un documento web. Este tipo de énfasis hace que el texto se muestre en cursiva. Al igual que con la etiqueta <b>, se recomienda usar los estilos para aplicar cursiva en HTML5.

```
<i>
    <!-- contenido en cursiva -->
</i>
```

El equivalente en estilo CSS para la cursiva sería el siguiente:

```
#cursiva{
 font-style:italic;
}
```

A continuación, se mostrará el uso de la etiqueta <i> dentro de un section:

estilo.css

```
body{
    font-family:"Tahoma";
    margin: 15px;
}
section{
    width: 400px;
```

```
        background-color: lightblue;
}
h1{
    text-align:center;
}
p{
    padding: 10px;
    text-align:justify;
}
```

index.html

```
<!DOCTYPE html>
<html>
    <head>
        <meta charset="UTF-8">
        <link href="estilo.css" rel="stylesheet" type="text/css"/>
        <meta name="viewport" content="width=device-width, initial-scale=1.0">
    </head>
    <body>
        <section>
            <h1>PISCO SOUR</h1>
            <p>
                La bebida nacional del <i>Perú</i> es el pisco. Se
                trata de un destilado o aguardiente de uva cuya producción se
                inició a fines del <i>siglo XVI</i> en la provincia de
                <i>Pisco</i> (actualmente ubicada en el departamento de
                <i>Ica</i>) y se extendió, posteriormente, a las
                haciendas de la Costa peruana.
            </p>
            <p>
                <i><a href="#">Leer más...!!</a></i>
            </p>
        </section>
    </body>
</html>
```

4.2.4 La etiqueta <b>

La etiqueta <b> se utiliza para resaltar un texto importante dentro de un documento web aplicando al texto un estilo de negrita. En HTML5 se recomienda usar los estilos para aplicar la negrita.

En HTML5 se sugiere usar la etiqueta <b> como último recurso, y solo en el caso de que ninguna otra etiqueta sea más apropiada. Para establecer títulos se recomienda utilizar las etiquetas (h1...h6), mientras que para destacar un texto se recomiendan etiquetas como <strong>, <mark> o <em>.

Su formato es el siguiente:

```
<b>
    <!-- contenido en negrita -->
</b>
```

El equivalente en estilo CSS para la negrita sería el siguiente:

```
#negrita{
    font-weight:bold;
}
```

A continuación, se mostrará el uso de la etiqueta <b> dentro de un section:

> ## PISCO SOUR
>
> La bebida nacional del **Perú** es el pisco. Se trata de un destilado o aguardiente de uva cuya producción se inició a fines del **siglo XVI** en la provincia de **Pisco** (actualmente ubicada en el departamento de **Ica**) y se extendió, posteriormente, a las haciendas de la Costa peruana.
>
> **Leer más...!!**

estilo.css

```css
body{
    font-family:"Tahoma";
    margin: 15px;
}
section{
    width: 400px;
    background-color: lightblue;
}
h1{
    text-align:center;
}
p{
    padding: 10px;
    text-align:justify;
}
```

index.html

```html
<!DOCTYPE html>
<html>
    <head>
```

```
        <meta charset="UTF-8">
        <link href="estilo.css" rel="stylesheet" type="text/css"/>
        <meta name="viewport" content="width=device-width, initial-scale=1.0">
    </head>
    <body>
        <section>
            <h1>PISCO SOUR</h1>
            <p>
                La bebida nacional del <b>Perú</b> es el pisco. Se
                trata de un destilado o aguardiente de uva cuya producción se
                inició a fines del <b>siglo XVI</b> en la provincia de
                <b>Pisco</b> (actualmente ubicada en el departamento de
                <b>Ica</b>) y se extendió, posteriormente, a las
                haciendas de la Costa peruana.
            </p>
            <p>
                <b><a href="#">Leer más...!!</a></b>
            </p>
        </section>
    </body>
</html>
```

4.2.5 La etiqueta <span>

Es una etiqueta sin valor semántico que permite asignar un formato a un determinado texto. Esta asignará un nombre a un conjunto de elementos en el documento web. Cuando el navegador interprete el contenido del <span> comprobará si tiene asignado un estilo y lo aplicará solo al contenido del <span>. Su formato es el siguiente:

```
<span>
    <!-- contenido del span-->
</span>
```

Se debe tener en cuenta que colocar un <span> no afecta a la semántica del párrafo. Por lo tanto, se debe crear un estilo que se referencie desde el <span> para poder aplicar un estilo particular a dicho bloque. Su formato sería el siguiente:

```
<span id="nombre del estilo">
    <!-- contenido del span-->
</span>
```

A continuación, se mostrará el uso de la etiqueta <span> dentro de un section:

```
        FUEGO Y HIELO
           (poema)
         Robert Frost

Unos dicen que el mundo terminará en
fuego, otros dicen que en hielo. Por lo
que he gustado del deseo, estoy con los
partidarios del fuego.

Pero si tuviera que sucumbir dos veces,
creo saber bastante acerca del odio
como para decir que en la destrucción
el hielo también es poderoso. Y
bastaría.

Leer más...!!
```

estilo.css

```css
body {
    margin:0px;
    padding:0px;
    font-family: Tahoma;
    font-size: 14px;
}
section{
    margin:25px;
    width: 250px;
    text-align: justify;
}

span.titulo{
    color: red;
    font-weight:bold;
    display: flex ;
    justify-content: center;
}
span.subtitulo{
    font-weight:bold;
    display: flex ;
    justify-content: center;
}
```

index.html

```html
<!DOCTYPE html>
<html>
    <head>
        <meta charset="UTF-8">
```

```
      <link href="estilo.css" rel="stylesheet" type="text/css"/>
      <meta name="viewport" content="width=device-width, initial-scale=1.0">
   </head>
   <body>
      <section>
         <span class="titulo">FUEGO Y HIELO</span>
         <span class="subtitulo">(poema)</span>
         <span class="subtitulo">Robert Frost</span><br>

         <span>Unos dicen que el mundo terminará en fuego, otros dicen que en
         hielo. Por lo que he gustado del deseo,
         estoy con los partidarios del fuego.</span> <br><br>
         <span>Pero si tuviera que sucumbir dos veces, creo saber bastante
         acerca del odio como para decir que en la destrucción el hielo
         también es poderoso. Y bastaría.<br></span>
         <br>
         <a href="#" class="link">Leer más...!!</a>
      </section>
   </body>
</html>
```

4.2.6 La etiqueta <cite>

Actualmente se encuentran infinidad de mensajes en internet, y su credibilidad depende tanto de la reputación del autor como de la calidad de las fuentes citadas. Las citas se referencian mediante la etiqueta <cite>. Después, el navegador interpreta y muestra el texto en letra cursiva.

Las características más importantes son las siguientes:

a. Sirve para marcar el origen de la cita, puede ser una persona, una obra literaria, etc.

b. Sirve únicamente para mencionar títulos de obras mencionadas en el texto.

c. Muestra el texto en cursiva.

d. No permite saltos de línea anteriores ni posteriores.

e. El contenido de la cita permanece en la misma línea que el texto anterior y posterior.

Su formato es el siguiente:

```
<cite>
     <!--  contenido de la cita -->
</cite>
```

Finalmente, para completar la serie de citas, se tienen las citas largas o extensas, que se implementan mediante la etiqueta <blockquote>. Cuenta con las siguientes características:

a. Permite hacer saltos de línea tanto antes como después de la cita.

b. Permite establecer un espacio padding y un margen al contenido de la cita larga.

Su formato es el siguiente:

```
<blockquote>
    <!-- contenido de la cita larga -->
</blockquote>
```

A continuación, se mostrará el uso de la etiqueta <cite> y <blockquote> dentro de un section:

BLOCKQUOTE y CITE

Permite a los autores insertar citas en forma de bloques de contenido, usualmente compuestas por un párrafo, un grupo de párrafos o un conjunto de muchos otros elementos incluyendo imágenes (img), tablas (table) y artículos (article), entre otros.

Esta es la principal diferencia entre este elemento y q, que está diseñado para citar únicamente líneas de texto.

Aunque no es requerido por el estándar, los navegadores pueden formatear el texto en la cita de alguna manera. La forma más común de representar a los elementos blockquote es con una sangría. *Tomado de: http://www.htmlquick.com/es*

estilo.css

```css
body{
    font-family:"Tahoma";
    margin: 15px;
}
section{
    width: 400px;
    padding: 15px;
    background-color: lightblue;
    text-align:justify;
}
h1{
    text-align:center;
}
```

index.html

```html
<!DOCTYPE html>
<html>
    <head>
```

```
        <meta charset="UTF-8">
        <link href="estilo.css" rel="stylesheet" type="text/css"/>
        <meta name="viewport" content="width=device-width, initial-scale=1.0">
    </head>
    <body>
        <section>
            <h1>BLOCKQUOTE y CITE</h1>
            Permite a los autores insertar citas en forma de bloques de
            contenido, usualmente compuestas por un párrafo, un grupo de párrafos
            o un conjunto de muchos otros elementos incluyendo imágenes (img),
            tablas (table) y artículos (article), entre otros.
            <blockquote> Esta es la principal diferencia entre este elemento y q,
            que está diseñado para citar únicamente líneas de texto.
            </blockquote>
            Aunque no es requerido por el estándar, los navegadores pueden
            formatear el texto en la cita de alguna manera. La forma más común de
            representar a los elementos blockquote es con una sangría.
            <cite>Tomado de: http://www.htmlquick.com/es </cite>
        </section>
    </body>
</html>
```

4.3 Etiquetas de modificación de significado

4.3.1 La etiqueta <sup>

Define el texto de un superíndice. Es mayormente usado para las fórmulas logarítmicas. Su formato es el siguiente:

```
<sup>
    <!-- contenido del superíndice -->
</sup>
```

A continuación, se mostrará el uso de la etiqueta <sup> dentro de un section:

Fórmula Cuadrática

Una ecuación de segundo grado, o ecuación cuadrática de una variable, es una ecuación que tiene la forma de una suma algebraica de términos, cuyo grado máximo es dos. La expresión canónica general de una ecuación cuadrática de una variable es:

$$ax^2 + bx + c = 0$$

estilo.css

```css
body{
    font-family:"Tahoma";
    margin: 15px;
}
section{
    width: 400px;
    padding: 15px;
    background-color: lightblue;
    text-align:justify;
}
h1{
    text-align:center;
}

#ecuacion{
    text-align: center;
    font-family: Consolas;
    font-size: 22px;
}
```

index.html

```html
<!DOCTYPE html>
<html>
    <head>
        <meta charset="UTF-8">
        <link href="estilo.css" rel="stylesheet" type="text/css"/>
        <meta name="viewport" content="width=device-width, initial-scale=1.0">
    </head>
    <body>
        <section>
            <h1>Fórmula Cuadrática</h1>
            Una ecuación de segundo grado, o ecuación cuadrática de una variable,
            es una ecuación que tiene la forma de una suma algebraica de términos,
            cuyo grado máximo es dos. La expresión canónica general de una
            ecuación cuadrática de una variable es:
            <p id="ecuacion">
                ax<sup>2</sup> + bx + c = 0
            </p>
        </section>
    </body>
</html>
```

4.3.2 La etiqueta <sub>

Define el texto de un subíndice. Es mayormente usada para las fórmulas logarítmicas. Su formato es el siguiente:

```
<sub>
    <!-- contenido del subíndice -->
</sub>
```

A continuación, se mostrará el uso de la etiqueta <sub> dentro de un section:

estilo.css

```css
body{
    font-family:"Tahoma";
    margin: 15px;
}
section{
    width: 400px;
    padding: 15px;
    background-color: lightblue;
    text-align:justify;
}
h1{
    text-align:center;
}

#formula{
    text-align: center;
    font-family: Consolas;
    font-size: 22px;
}
```

index.html

```html
<!DOCTYPE html>
<html>
    <head>
        <meta charset="UTF-8">
```

```
            <link href="estilo.css" rel="stylesheet" type="text/css"/>
            <meta name="viewport" content="width=device-width, initial-scale=1.0">
    </head>
    <body>
        <section>
            <h1>El agua</h1>
            Es un compuesto químico inorgánico formado por dos átomos de
            hidrógeno (H) y uno de oxígeno (O). Esta molécula es esencial en la
            vida de los seres vivos. Su fórmula general es:
            <p id="formula">
                H<sub>2</sub>O
            </p>
        </section>
    </body>
</html>
```

4.3.3 La etiqueta <small>

Esta etiqueta permite que un texto sea representado con un tamaño de fuente inferior al normal. No se recomienda su uso en HTML5, ya que se considera el uso de los estilos CSS como una alternativa adecuada. Su formato es el siguiente:

```
<small>
    <!-- contenido de texto pequeño-->
</small>
```

El equivalente en estilo CSS para <small> sería:

```
#textopequeño{
font-size:small;
}
```

O también se podría representar así:

```
#textopequeño{
font-size:smaller;
}
```

4.4 Etiquetas orientadas a código

4.4.1 La etiqueta <time>

Permite describir el formato adecuado de la fecha u hora para que el navegador lo entienda correctamente. En este punto se genera un problema con respecto a las fechas, pues a veces se trabaja con el formato corto de 15/02/2015 o el formato largo: Domingo, 15 de febrero de 2015. La propiedad datetime de la etiqueta <time> permite formatear los elementos del tiempo de la manera que se crea más conveniente. Su formato es el siguiente:

```
<time>
    <!-- contenido de la fecha y hora -->
</time>
```

A continuación, se mostrará un ejemplo básico de impresión de fecha. Para este ejercicio se debe tener en cuenta el formato de la región establecida en su sistema operativo. Se tratará la fecha con el formato más usado en la web: AAAA-MM-DD.

```
<TIME>2019-02-15</TIME>
```

O, también, podría ser especificado como una fecha larga de la siguiente forma:

```
<time datetime="2015-02-19">
Domingo, 15 de Febrero de 2019
</time>
```

Otros ejemplos:

```
<time datetime="20:00">
8pm.
</time>
```

```
<time datetime="2019-02-15T20:15">
15 de febrero de 2019 a las 8:15pm.
</time>
```

4.5 Caso desarrollado 1: Uso de la etiqueta <header> y <h1>...<h6>

Implementar el siguiente artículo dentro de un documento web usando las etiquetas <header> y <h>:

Cisco y AGT forman alianza estratégica global para ciudades inteligentes

El objetivo es transformar la manera en que las ciudades son administradas y aseguradas, cumpliendo así la promesa de la internet de todo.

Cisco y AGT International, proveedor global de soluciones para la ciudad, anunciaron hoy una alianza estratégica global de ciudades inteligentes (smart city global strategic alliance) que entregará la promesa de la internet de todo (ioe) a través de análisis de conexiones y dispositivos y tecnologías de nube que cambian dramáticamente la manera en que las ciudades son administradas y cuidadas.

Se deben tener en cuenta los siguientes pasos:

1. Cree un proyecto web llamado **Caso_Header**.

2. Cree una carpeta llamada "css" dentro del proyecto.

3. Agregue un archivo llamado "estilo" de tipo "hoja de estilo" dentro de la carpeta "css".

estilo.css

```css
/*Estilo para todo el documento*/
body{
    font-family:Tahoma;
    font-size:12px;
}

/*Estilo para la sección*/
section{
    padding: 10px;
    width:550px;
    border-color:#666;
    border-style:solid;
}

/*Estilo para el encabezado H1*/
h1{
    color:#09F;
}

/*Estilo para el párrafo*/
p{
    color:#666;
}
```

Index.html

```html
<!DOCTYPE html>
<html>
    <head>
        <title>Uso de Header</title>
        <meta charset="UTF-8">
        <link href="css/estilo.css" rel="stylesheet" type="text/css"/>
        <meta name="viewport" content="width=device-width, initial-scale=1.0">
    </head>
    <body>
        <section>
            <header>
                <h1>
                    Cisco y AGT forman alianza estratégica global para
                    ciudades inteligentes.
                </h1>
                <h2>
                    El objetivo es transformar la manera en que las ciudades
                    son administradas y aseguradas, cumpliendo así la promesa
```

```
                    de la internet de todo.
            </h2>
        </header>
        <p>
            Cisco y AGT International, proveedor global de soluciones
            para la ciudad, anunciaron hoy una alianza estratégica global
            de ciudades inteligentes (smart city global strategic
            alliance) que entregará la promesa de la internet de todo
            (ioe) a través de análisis de conexiones y dispositivos y
            tecnologías de nube que cambian dramáticamente la manera en
            que las ciudades son administradas y cuidadas.
        </p>
    </section>
</body>
</html>
```

4.6 Caso desarrollado 2: Uso de la etiqueta

Implementar el siguiente artículo dentro de un documento web usando la etiqueta <br>:

Se deben tener en cuenta los siguientes pasos:

1. Cree un proyecto web llamado **Caso_br**.

2. Cree una carpeta llamada "css" dentro del proyecto.

3. Agregue un archivo llamado "estilo" de tipo "hoja de estilo" dentro de la carpeta "css".

estilo.css

```
/*Estilo para todo el documento*/
body{
    font-family:Tahoma;
    font-size:14px;
    text-align: justify;
```

```
}

/*Estilo para la sección*/
section{
    padding: 20px;
    width:550px;
    border-color:#666;
    border-style:solid;
}

/*Estilo para el encabezado H1*/
h1{
    color:#09F;
    text-align: center;
}
/*Estilo para el párrafo*/
p{
    color:black;
}

#derecha{
    text-align: right;
    font-size:12px;
}
```

index.html

```
<!DOCTYPE html>
<html>
    <head>
        <title>Uso de BR</title>
        <link href="css/estilo.css" rel="stylesheet" type="text/css"/>
        <meta charset="UTF-8">
        <meta name="viewport" content="width=device-width, initial-scale=1.0">
    </head>
    <body>
        <section>
            <h1>Video a demanda: 20 años en movimiento</h1>
            <p>
                Además, el segmento de broadcasting también se ha visto complejizado
                    con estos avances tecnológicos, ya que al principio sólo existían 3
                    actores: proveedores de contenido (estudios de cine o canales de tv),
                    operadores de red y el consumidor final que poseía solo un
                    dispositivo en el hogar. En la actualidad, encontramos mayor cantidad
                    de actores. Estos son:
                    <br/>
```

```
                <br/>
                Proveedores de contenido.<br/>
            Integradores u ott (over the top por sus siglas en inglés), tal como
            Netflix.<br/>
          Operadores de red y operadores virtuales que no necesariamente tienen
          red propia, sino que combinan y arman una solución agregando un valor
              de integración o tecnológico.<br/>
              Los distintos dispositivos que puede tener hoy una familia tipo: 1
              televisor, 2 notebooks, 1 tablet, 4 smartphones.
          </p>
            <p id="derecha">Fuente: www.diarioti.com </p>
        </section>
      </body>
</html>
```

4.7 Caso desarrollado 3: Uso de la etiqueta <span>

Implementar el siguiente artículo dentro de un documento web usando la etiqueta <span>:

App gratuita convierte cualquier disco duro o llave USB en nube privada

D-Link recalca que la app mydlink SharePort proporciona una alternativa segura al almacenamiento público en la nube.

Muchas personas utilizan habitualmente los servicios públicos en la nube para **almacenar, compartir o descargarse archivos en su smartphone o tablet**. Una vez subidos a la nube, los datos están disponibles en prácticamente cualquier dispositivo. Pese a que es muy útil, este servicio de almacenamiento público tiene su lado negativo: por un lado, **el almacenamiento es limitado y el espacio extra tiene coste**, y, por otro, en la mayoría de los casos, la empresa en la que se almacenan estos datos tiene derecho **a acceder a los archivos del usuario y no garantiza su disponibilidad**.

Fuente: www.diarioti.com

Se deben tener en cuenta los siguientes pasos:

1. Cree un proyecto web llamado **Caso_Span**.

2. Cree una carpeta llamada "css" dentro del proyecto.

3. Agregue un archivo llamado "estilo" de tipo "hoja de estilo" dentro de la carpeta "css".

estilo.css

```
body{
    font-family:Tahoma;
    font-size:14px;
        margin: 15px;
        text-align: center;
}
section{
```

```
    padding: 10px;
    width:550px;
    border-color:#666;
    border-style:solid;
}
h1{
    color:#09F;
}
p{
    text-align: justify;
    color:#666;
}
/*Estilo para los SPAN*/
#resaltado{
    font-weight:800;      /*Negrita*/
    color:#000;            /*Color Negro*/
    text-decoration:underline;/*Subrayado*/
}

footer{
    text-align: right;
}
```

index.html

```
<!DOCTYPE html>
<html>
    <head>
        <title>Uso de Span</title>
        <meta charset="UTF-8">
        <link href="css/estilo.css" rel="stylesheet" type="text/css"/>
        <meta name="viewport" content="width=device-width, initial-scale=1.0">
    </head>
    <body>
        <section>
            <hgroup>
                <h1>
                App gratuita convierte cualquier disco duro o llave USB en nube privada
                </h1>
                <h3>
                    D-Link recalca que la app mydlink SharePort proporciona una
                    alternativa segura al almacenamiento público en la nube.
                </h3>
            </hgroup>
            <p>
                Muchas personas utilizan habitualmente los servicios públicos en la
                nube para <span id="resaltado">almacenar, compartir o descargarse
```

```
                    archivos en su smartphone o tablet</span>. Una vez subidos a la nube,
                    los datos están disponibles en, prácticamente, cualquier dispositivo.
                    Pese a que es muy útil, este servicio de almacenamiento público tiene
                    su lado negativo: por un lado,<span id="resaltado"> el almacenamiento
                    es limitado y el espacio extra tiene coste</span>, y, por otro, en la
                    mayoría de los casos, la empresa en la que se almacenan estos datos
                    tiene derecho <span id="resaltado">a acceder a los archivos del
                    usuario y no garantiza su disponibilidad</span>.
                </p>
                <footer>Fuente: www.diarioti.com </footer>
            </section>
        </body>
</html>
```

4.8 Caso desarrollado 4: Uso de la etiqueta <blockquote> y <cite>

Implementar el siguiente artículo dentro de un documento web usando la etiqueta <blockquote> y <cite>:

IBM desarrolla chip que se autodestruye

Agencia de investigación científica militar DARPA ha encargado a IBM crear un chip CMOS que se convierte en polvo de silicio al recibir un comando específico por ondas de radio.

"Es casi imposible detectar y recuperar artículos [electrónicos en el campo de batalla], lo que resulta en su acumulación no intencional en el medio ambiente, y el potencial uso no autorizado, y consiguiente riesgo para la propiedad intelectual y ventajas tecnológicas".

Escribe *DARPA* en su sitio web, al referirse al programa VAPR.

Fuente: www.diarioti.com

Se deben tener en cuenta los siguientes pasos:

1. Cree un proyecto web llamado **Caso_blockquote**.

2. Cree una carpeta llamada "css" dentro del proyecto.

3. Agregue un archivo llamado "estilo" de tipo "hoja de estilo" dentro de la carpeta "css".

estilo.css

```
body{
    font-family:Tahoma;
    font-size:12px;
}
section{
    padding: 10px;
    width:550px;
    border-color:#666;
```

```
    border-style:solid;
}
h1{
    color:#09F;
}
p{
    font-family:Tahoma;
    font-size:14px;
    color:#666;
}
cite{
    font-weight:bold;
}
```

index.html

```
<!DOCTYPE html>
<html>
    <head>
        <title>Uso de Blockquote y Cite</title>
        <link href="estilo.css" rel="stylesheet" type="text/css"/>
        <meta charset="UTF-8">
        <meta name="viewport" content="width=device-width, initial-scale=1.0">
    </head>
    <body>
        <section>
            <hgroup>
                <h1>IBM desarrolla chip que se autodestruye</h1>
                <h3>
                    Agencia de investigación científica militar DARPA ha encargado
                        a IBM crear un chip CMOS que se convierte en polvo de silicio
                        al recibir un comando específico por ondas de radio.
                </h3>
            </hgroup>
            <p>
            <blockquote>"Es casi imposible detectar y recuperar artículos
                [electrónicos en el campo de batalla], lo que resulta en su
                acumulación no intencional en el medio ambiente, y el
                potencial uso no autorizado, y consiguiente riesgo para la
                propiedad intelectual y ventajas tecnológicas".</blockquote>
            Escribe <cite>DARPA</cite> en su sitio web, al referirse al programa
VAPR.
            </p>
            <footer>Fuente: www.diarioti.com </footer>
        </section>
    </body>
</html>
```

4.9 Caso desarrollado 5: Uso de la etiqueta <time>

Implementar el siguiente artículo dentro de un documento web usando la etiqueta <time>:

Check Point descubre una vulnerabilidad crítica en Wikipedia.org y otros sitios "Wiki"

Una investigación realizada por el fabricante revela una vulnerabilidad en la popular plataforma web Open Source MediaWiki.

Check Point Software Technologies Ltd. **(NASDAQ: CHKP)** ha revelado el hallazgo de una vulnerabilidad crítica en la conocida plataforma web de código abierto MediaWiki, utilizada para crear y mantener sitios "Wiki". La plataforma MediaWiki es actualmente la sexta más visitada del mundo, con más de 94 millones de visitantes únicos por mes.

Los investigadores de *Check Point* descubrieron que esta vulnerabilidad crítica dejó expuesta a MediaWiki (Versión 1.8 en adelante) a la ejecución remota de código **RCE**, de modo que un atacante podría obtener el control completo del servidor web. De forma inmediata tras el hallazgo, *Check Point* alertó a la Fundación WikiMedia acerca de esta vulnerabilidad y, tras su verificación, la propia Fundación publicó una actualización y parches para el software MediaWiki.

Fuente: www.diarioti.com

Se deben tener en cuenta los siguientes pasos:

1. Cree un proyecto web llamado **Caso_Time**.

2. Cree una carpeta llamada "css" dentro del proyecto.

3. Agregue un archivo llamado "estilo" de tipo "hoja de estilo" dentro de la carpeta "css".

estilo.css

```css
body{
    font-family:Verdana, Geneva, sans-serif;
    font-size:12px;
}
section{
    padding: 10px;
    width:550px;
    border-color:#666;
    border-style:solid;
}
h1{
    color:#09F;
}
h3{
    text-align: justify;
}
p{
    font-family:Tahoma, Geneva, sans-serif;
    text-align: justify;
    font-size:14px;
    color:#666;
```

```
}
blockquote{
    font-family:Tahoma;
    text-align: justify;
    font-size:14px;
    color:#000;
}
footer>p{
    text-align: right;
}
```

index.html

```
<!DOCTYPE html>
<html>
    <head>
        <title>Uso de Time</title>
        <link href="css/estilo.css" rel="stylesheet" type="text/css"/>
        <meta charset="UTF-8">
        <meta name="viewport" content="width=device-width, initial-scale=1.0">
    </head>
    <body>
        <section>
            <hgroup>
                <h1>
                    Check Point descubre una vulnerabilidad crítica en Wikipedia.org
                        y otros sitios "Wiki"
                </h1>
                <h3>
                    Una investigación realizada por el fabricante revela una
                    vulnerabilidad en la popular plataforma web Open Source MediaWiki.
                </h3>
            </hgroup>
            <p>
                <dfn>Check Point Software Technologies Ltd.</dfn> <abbr
                title="Proveedor de soluciones de seguridad para Internet">(NASDAQ:
                CHKP)</abbr> ha revelado el hallazgo de una vulnerabilidad crítica
                en la conocida plataforma web de código abierto MediaWiki, utilizada
                para crear y mantener sitios "Wiki". La plataforma MediaWiki es
                actualmente la sexta más visitada del mundo, con más de 94 millones
                de visitantes únicos por mes.
            </p>
            <p>
                Los investigadores de <dfn>Check Point</dfn> descubrieron que esta
                vulnerabilidad crítica dejó expuesta a MediaWiki (Versión 1.8 en
                adelante) a la ejecución remota de código <abbr>RCE</abbr>, de modo
```

```
                    que un atacante podría obtener el control completo del servidor web.
                De forma inmediata tras el hallazgo, <dfn>Check Point</dfn> alertó a
                la Fundación WikiMedia acerca de esta vulnerabilidad y, tras su
                verificación, la propia Fundación publicó una actualización y parches
                    para el software MediaWiki.
            </p>
            <footer>Fuente: www.diarioti.com </footer>
            <time datetime="2025-04-15">
                Martes, 15 de Abril del 2025
            </time>
        </section>
    </body>
</html>
```

4.10 Caso desarrollado 6: Uso de la etiqueta <sup>

Implementar el siguiente artículo dentro de un documento web usando la etiqueta <sup>:

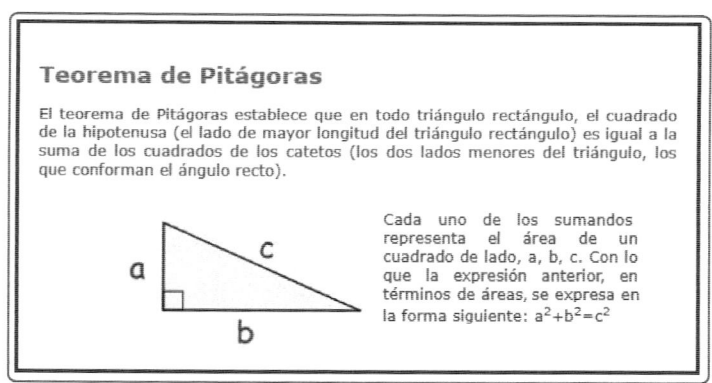

Se deben tener en cuenta los siguientes pasos:

1. Cree un proyecto web llamado **Caso_sup**.

2. Cree una carpeta llamada "css" dentro del proyecto.

3. Agregue un archivo llamado "estilo" de tipo "hoja de estilo" dentro de la carpeta "css".

estilo.css

```
/*Estilo para todo el documento*/
body{
    font-family:Verdana, Geneva, sans-serif;
    font-size:12px;
}

/*Estilo para la sección*/
section{
```

```
    padding: 15px;
    width:500px;
    height:250px;
    border-color:#666;
    border-style:solid;
    text-align: justify;
}

/*Estilo para el encabezado H1*/
h1{
    color:#09F;
}
/*Estilo para el párrafo*/
p{
    color:#666;
}
/*Estilo para las columnas*/
#columna {
    padding:0 30px 0 20px;
    float:left;
    width: 40%;
}
```

index.html

```
<!DOCTYPE html>
<html>
    <head>
        <title>TODO supply a title</title>
        <meta charset="UTF-8">
        <link href="css/estilo.css" rel="stylesheet" type="text/css"/>
        <meta name="viewport" content="width=device-width, initial-scale=1.0">
    </head>
    <body>
        <section>
            <header>
                <h1> Teorema de Pitágoras </h1>
            </header>
            <p>
                El teorema de Pitágoras establece que en todo triángulo rectángulo,
                el cuadrado de la hipotenusa (el lado de mayor longitud del triángulo
                rectángulo) es igual a la suma de los cuadrados de los catetos (los
                dos lados menores del triángulo, los que conforman el ángulo recto).
            </p>
            <article id="columna">
```

```
            <figure>
                <img src="img/triangulo.jpg">
            </figure>
        </article>
        <article id="columna">
            <p>
                Cada uno de los sumandos representa el área de un cuadrado de
                lado, a, b, c. Con lo que la expresión anterior, en términos de
                áreas, se expresa en la forma siguiente:
                a<sup>2</sup>+b<sup>2</sup>=c<sup>2</sup>
            </p>
        </article>
    </section>
    </body>
</html>
```

4.11 Caso desarrollado 7: Uso de la etiqueta <mark>

Implementar el siguiente artículo dentro de un documento web usando la etiqueta <mark>:

Se deben tener en cuenta los siguientes pasos:

1. Cree un proyecto web llamado **Caso_Mark**.

2. Cree una carpeta llamada "css" dentro del proyecto.

3. Agregue un archivo llamado estilo de tipo hoja de estilo dentro de la carpeta "css".

estilo.css

```css
/*Estilo para todo el documento*/
body{
    font-family:Verdana, Geneva, sans-serif;
    font-size:12px;
}

/*Estilo para la sección*/
section{
    padding: 10px;
    width:500px;
    border-color:#666;
    border-style:solid;
}

/*Estilo para el encabezado H1*/
h1{
    color:#09F;
}
/*Estilo para el párrafo*/
p{
    color:#666;
}
```

index.html

```html
<!DOCTYPE html>
<html>
    <head>
        <title>TODO supply a title</title>
        <meta charset="UTF-8">
        <link href="css/estilo.css" rel="stylesheet" type="text/css"/>
        <meta name="viewport" content="width=device-width, initial-scale=1.0">
    </head>
    <body>
        <section>
            <HEADER>
                <hgroup>
                    <H1>
                        Identificadas las expectativas de los "estilos de vida
                        conectados"
                    </H1>
                    <H3>
                        Ericsson ConsumerLab identifica criterios de éxito clave para
```

```
                        que los servicios del mañana respondan adecuadamente a las
                        expectativas.
            </H3>
        </hgroup>
    </HEADER>
    <p>
        El mercado de los servicios digitales está ofreciendo continuamente
        nuevas aplicaciones y soluciones que permiten a los usuarios
        comunicarse, socializar, encontrar información y realizar compras en
        línea. Ericsson ConsumerLab ha evaluado estas crecientes necesidades
        de los consumidores, así como una serie de conceptos de servicios,
        diseñados para satisfacerlas. Al entrevistar a los usuarios de
        teléfonos inteligentes en tres mercados: Brasil, Indonesia y Estados
        Unidos, ConsumerLab ha identificado siete necesidades fundamentales,
        que son cruciales para el éxito de nuevos servicios. Estas son:
    </p>
    <ul><li>
            <MARK>Acceso inmediato en todas partes:</MARK> en función a su
            estilo de vida "sobre la marcha", los usuarios esperan tener
            acceso a una gama de servicios bajo demanda y en tiempo real.
        </li>
        <li>
            <MARK>Personalizar mi mundo: </MARK>las personas están exigiendo
            cada vez más, alertas y servicios personalizados que se adapten a
            su estilo de vida.
        </li>
        <li>
            <MARK>Desconexión:</MARK> los consumidores utilizarán la
            tecnología para equilibrar la mentalidad de "siempre en línea",
            al activamente tomar tiempo para "desconectarse", relajarse y
            descansar. Los consumidores expresaron su interés en los
            servicios que les ayuden a hacer esto.
        </li>
        <li>
            <MARK>Asistencia a la productividad:</MARK> la gente está
            interesada en los servicios que gestionan y coordinan sus
            agendas.
        </li>
        <li>
            <MARK>Mejorar la convivencia: </MARK>con vidas muy ocupadas,
            amigos y familia constantemente confiarán en la tecnología para
            mantenerse en contacto, sin importar el lugar en el cual se
            encuentren.
        </li>
        <li>
            <MARK>Control a los consumidores: </MARK>la gente quiere mantener
```

```
                    control sobre sus gastos, los datos empleados y las
                    actualizaciones de información, lo que les permite dedicar más
                    tiempo a las cosas importantes de la vida.
            </li>
            <li>
                    <MARK>Ubicación basada en mí: </MARK>los consumidores están
                    expresando la necesidad de obtener información relevante en
                    relación a la ubicación geográfica en donde se encuentran, y
                    quieren que dicha información esté disponible en cualquier
                    momento.
            </li>
        </ul>
        <p>
            ConsumerLab probó varios conceptos de nuevos servicios en - grupos
        focales en todos los mercados estudiados. Un común denominador sobre
        estos conceptos es que ayudan a los consumidores a reducir la
            complejidad, ahorrar tiempo y disminuir el estrés a través de la
        gestión centralizada, proporcionando un mejor control del gasto y el
            uso.
        </p>
    </section>
    </body>
</html>
```

010 01 00 1011 1 1010 00001   101010 01 00 1011 1 1010 00001 1 1 1010 000
0101 11000 0 10101 1   0001001 0101 11000 0 10101 1   00010010101 1   00
01 100 111 010101011 001   10 0101   100 111 010101011 001 1010101011 001
01   010101 1 01010 0101 10100 01   010101 1 01010 0101 101001010 0101
011   001101010100 1 10011 1 1 10001   001101010100 1 00110101010
   11   01000101   110101 10001 11 11 10 010001 11 11 10 01

Capítulo

5

Listas

5.1 Trabajando con listas

Las listas son una parte importante de los documentos web, puesto que cuando HTML5 propone la etiqueta <nav> como menú de enlaces, se incluye una lista de opciones usando justamente las etiquetas de listas en HTML5. Es importante aclarar que también se pueden usar para mostrar listas comunes que no necesariamente sean enlaces web.

A. ¿Qué se puede colocar dentro de las listas?

   a. Organizar varios elementos en una lista desordenada.

   b. Organizar varios elementos en una lista ordenada.

   c. Distinguir entre las listas ordenadas y desordenadas.

   d. Describir las similitudes entre las listas ordenadas y desordenadas.

   e. Crear un hipervínculo a una sección dentro de su documento.

   f. Enlazar el documento al contenido externo.

   g. Resumir el propósito de los hipervínculos (etiquetas delimitadoras).

   h. Crear un diagrama que represente documentos con hipervínculos.

B. Modelos de lista

   a. Listas de enlaces.

      ⊞ Volutpat arcu nisl imperdiet mceleeli
      ⊞ Cuisque ac risus congue tpis mollis

b. Listas sin viñetas.

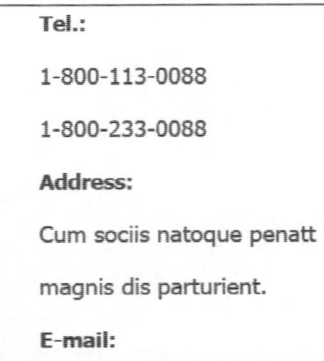

c. Lista de navegación web.

C. Tipos de listas para HTML5

a. Listas desordenadas (Unordered).

b. Listas ordenadas (Ordered).

c. Listas definidas (Definition).

5.2 La etiqueta <ul>: Lista desordenada

Se les puede llamar listas comunes porque son las más usadas al momento de presentar una lista que no tienen una correlación específica. Se caracterizan por presentar un símbolo o viñeta en el lado izquierdo.

A. Formato

```
<ul>
    <!-- elementos de la lista -->
</ul>
```

B. Características más importantes

a. Pueden establecer un nivel de anidamiento específico, es decir, podrá contener una lista dentro de otra.

b. Los atributos type, start y compact de la etiqueta <ul> han quedado obsoletas para el HTML5, por lo que se recomienda el uso de CSS para la implementación de las mismas.

c. <ul> es una etiqueta de definición de listas pero no de contenidos, por lo que se debe especificar qué es. Para realizar un listado sin orden debemos usar la etiqueta <li> para cada elemento de la lista. Su formato es el siguiente:

```
<ul>
    <li> opcion 1 </li>
    <li> opcion 2 </li>
    <li> opcion 3 </li>
</ul>
```

C. Uso de la etiqueta <ul> dentro de un section

- Fútbol
- Voley
- Básquet

estilo.css

```css
body{
    font-family: Tahoma;
}

section{
    width: 200px;
    background-color: aliceblue;
    padding: 5px;
    margin: 10px;
}
```

index.html

```html
<!DOCTYPE html>
<html>
    <head>
        <meta charset="UTF-8">
        <link href="estilo.css" rel="stylesheet" type="text/css"/>
        <meta name="viewport" content="width=device-width, initial-scale=1.0">
    </head>
    <body>
        <section>
            <ul>
                <li>Fútbol</li>
                <li>Voley</li>
                <li>Básquet</li>
```

```
            </ul>
         </section>
      </body>
</html>
```

a. Si se añade la siguiente definición al archivo estilo.css, el diseño se mostraría igual. Esto quiere decir que el diseño de la viñeta predeterminado es en forma de disco.

```
ul{
    list-style: disc;
}
```

b. En cambio, si se necesita que el diseño muestre viñetas circulares huecas como en la siguiente imagen:

- Fútbol
- Voley
- Básquet

El script del archivo estilo.css debe modificarse de la siguiente manera:

```
ul{
    list-style: circle;
}
```

c. Si se necesita que el diseño muestre viñetas cuadradas como en la siguiente imagen:

- Fútbol
- Voley
- Básquet

El script del archivo estilo.css debe modificarse de la siguiente manera:

```
ul{
    list-style: square;
}
```

d. Si se necesita ocultar las viñetas, pero mantener la lista, como en la siguiente imagen:

Fútbol
Voley
Básquet

El script del archivo estilo.css debe modificarse de la siguiente manera:

```
ul{
    list-style: none;
}
```

5.3 Etiqueta <ol>: Lista ordenada

Las listas ordenadas presentan sus viñetas como números 1, 2, 3...; letras a, b, c...; números romanos I, II, III... y todo lo que pueda representar una correlación de valores. Dichos valores se generarán automáticamente según el número de elementos de la lista.

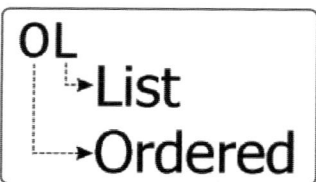

A. Formato

```
<ol>
    <!-- elementos de la lista -->
</ol>
```

B. Uso de la etiqueta <ol> dentro de un section

1. Fútbol
2. Voley
3. Básquet

estilo.css

```
body{
    font-family: Tahoma;
}

section{
    width: 200px;
    background-color: aliceblue;
    padding: 5px;
    margin: 10px;
}
```

index.html

```
<!DOCTYPE html>
<html>
    <head>
        <meta charset="UTF-8">
        <link href="estilo.css" rel="stylesheet" type="text/css"/>
        <meta name="viewport" content="width=device-width, initial-scale=1.0">
    </head>
    <body>
```

```
        <section>
            <ol>
                <li>Fútbol</li>
                <li>Voley</li>
                <li>Básquet</li>
            </ol>
        </section>
    </body>
</html>
```

a. Si se añade la siguiente definición al archivo estilo.css, el diseño se mostraría igual. Esto quiere decir que el diseño de la viñeta predeterminado es con el número uno.

```
ol{
    list-style-type: decimal;
}
```

b. En cambio, si se necesita que el diseño presente viñetas circulares huecas como en la siguiente imagen:

```
01. Fútbol
02. Voley
03. Básquet
```

El script del archivo estilo.css debe modificarse de la siguiente manera:

```
ol{
    list-style-type: decimal-leading-zero;
}
```

c. Si se necesita que el diseño tenga el abecedario en minúsculas como en la siguiente imagen:

```
a. Fútbol
b. Voley
c. Básquet
```

El script del archivo estilo.css debe modificarse de la siguiente manera:

```
ol{
    list-style-type: lower-alpha;
}
```

d. Si se necesita que el diseño muestre números romanos en minúscula como en la siguiente imagen:

```
    i. Fútbol
   ii. Voley
  iii. Básquet
```

El script del archivo estilo.css debe modificarse de la siguiente manera:

```
ol{
    list-style-type: lower-roman;
}
```

e. Si se necesita que el diseño tenga el abecedario en mayúsculas como en la siguiente imagen:

```
A. Fútbol
B. Voley
C. Básquet
```

El script del archivo estilo.css debe modificarse de la siguiente manera:

```
ol{
    list-style-type: upper-alpha;
}
```

f. Si se necesita que el diseño esté en números romanos en mayúsculas como en la siguiente imagen:

```
  I. Fútbol
 II. Voley
III. Básquet
```

El script del archivo estilo.css debe modificarse de la siguiente manera:

```
ol{
    list-style-type: upper-roman;
}
```

g. Si se necesita que el diseño muestre la enumeración iniciada en cinco como en la siguiente imagen:

```
5. Fútbol
6. Voley
7. Básquet
```

La variación se debe realizar en el archivo index.html

```html
<section>
    <ol start="5">
        <li>Fútbol</li>
        <li>Voley</li>
        <li>Básquet</li>
    </ol>
</section>
```

También podría implementarse de la siguiente manera:

```html
<section>
    <ol>
        <li value='5'>Fútbol</li>
        <li>Voley</li>
        <li>Básquet</li>
    </ol>
</section>
```

h. Si se necesita que el diseño presente los números de forma descendente como en la siguiente imagen:

```
3. Fútbol
2. Voley
1. Básquet
```

La variación se debe realizar en el archivo index.html:

```html
<section>
    <ol reversed>
        <li>Fútbol</li>
        <li>Voley</li>
        <li>Básquet</li>
    </ol>
</section>
```

5.4 Caso desarrollado 1: Listas desordenadas

Implementar el siguiente diseño dentro de un documento web usando listas desordenadas.

Lista-Enumeración

Es un listado de elementos. Las restricciones impuestas al tipo de listado dependen del contexto en el cual se trabaje.

Datos de Interés

- Lista Electoral
- Lista Negra
- Lista de Contactos
- Lista de Correos
- Lista de Cotejo

Se deben tener en cuenta los siguientes pasos:

1. Cree un proyecto web llamado **Caso_Desordenadas**.

2. Cree una carpeta llamada "css" dentro del proyecto para almacenar el archivo estilo.css.

3. Cree una carpeta llamada "img" dentro del proyecto para almacenar la imagen del diseño.

estilo.css

```css
/*Estilo para el fondo del documento web*/
body{
    font-family:Tahoma;
    font-size:14px;
}

/*Estilo para la sección*/
section{
    background:#CCC;
    max-width:200px;
    padding: 10px;
}

/*Estilo para la imagen*/
img {
    width: 200px;
}
```

index.html

```html
<!DOCTYPE html>
<html>
    <head>
        <title>Listas Desordenadas</title>
        <meta charset="UTF-8">
        <link href="css/estilo.css" rel="stylesheet" type="text/css"/>
        <meta name="viewport" content="width=device-width, initial-scale=1.0">
    </head>
    <body>
        <section>
            <header>
                <h2>Lista-Enumeración</h2>
                <img src="img/foto.png" alt=""/>
            </header>
            <p>
                Es un listado de elementos. Las restricciones impuestas al tipo de
                listado dependen del contexto en el cual se trabaje.
            </p>
```

```
                <p>Datos de Interés</p>
                <ul>
                    <li>Lista Electoral</li>
                    <li>Lista Negra</li>
                    <li>Lista de Contactos</li>
                    <li>Lista de Correos</li>
                    <li>Lista de Cotejo</li>
                </ul>
            </section>
        </body>
    </html>
```

5.5 Caso desarrollado 2: Listas desordenadas sin viñeta

Implementar el siguiente diseño dentro de un documento web usando listas desordenadas sin viñetas.

Se deben tener en cuenta los siguientes pasos:

1. Cree un proyecto web llamado **Caso_Sin_Viñeta**.

2. Cree una carpeta llamada "css" dentro del proyecto para almacenar el archivo estilo.css.

3. Cree una carpeta llamada "img" dentro del proyecto para almacenar la imagen del diseño.

estilo.css

```
/*Estilo para el fondo del documento web*/
body{
    font-family:Tahoma;
    font-size:14px;
}
```

```
/*Estilo para la sección*/
section{
    background:#CCC;
    max-width:200px;
    padding: 10px;
}

/*Estilo para la imagen*/
img {
    width: 200px;
}

ul{
    list-style: none;
}
```

index.html

```
<!DOCTYPE html>
<html>
    <head>
        <title>Listas Desordenadas</title>
        <meta charset="UTF-8">
        <link href="css/estilo.css" rel="stylesheet" type="text/css"/>
        <meta name="viewport" content="width=device-width, initial-scale=1.0">
    </head>
    <body>
        <section>
            <header>
                <h2>Lista-Enumeración</h2>
                <img src="img/foto.png" alt=""/>
            </header>
            <p>
                Es un listado de elementos. Las restricciones impuestas al tipo de
                listado dependen del contexto en el cual se trabaje.
            </p>
            <p>Datos de Interés</p>
            <ul>
                <li>Lista Electoral</li>
                <li>Lista Negra</li>
                <li>Lista de Contactos</li>
                <li>Lista de Correos</li>
                <li>Lista de Cotejo</li>
            </ul>
```

```
        </section>
    </body>
</html>
```

5.6 Caso desarrollado 3: Listas desordenadas con imagen

Implementar el siguiente diseño dentro de un documento web usando listas desordenadas con imágenes.

Se deben tener en cuenta los siguientes pasos:

1. Cree un proyecto web llamado **Caso_Viñeta_Imagen**.

2. Cree una carpeta llamada "css" dentro del proyecto para almacenar el archivo estilo.css.

3. Cree una carpeta llamada "img" dentro del proyecto para almacenar la imagen del diseño y el icono que se mostrará en la viñeta de la lista.

estilo.css

```
/*Estilo para el fondo del documento web*/
body{
    font-family:Tahoma;
    font-size:14px;
}

/*Estilo para la sección*/
section{
    background:#CCC;
    max-width:200px;
    padding: 10px;
}
```

```css
/*Estilo para la imagen*/
img {
    width: 200px;
}

li{
    list-style-type: none;
    list-style-image: url(../img/icono.png);
    margin-left:10px;
    font:14px Tahoma;
}
```

index.html

```html
<!DOCTYPE html>
<html>
    <head>
        <title>Listas Desordenadas</title>
        <meta charset="UTF-8">
        <link href="css/estilo.css" rel="stylesheet" type="text/css"/>
        <meta name="viewport" content="width=device-width, initial-scale=1.0">
    </head>
    <body>
        <section>
            <header>
                <h2>Lista-Enumeración</h2>
                <img src="img/foto.png" alt=""/>
            </header>
            <p>
                Es un listado de elementos. Las restricciones impuestas al tipo de
                listado dependen del contexto en el cual se trabaje.
            </p>
            <p>Datos de Interés</p>
            <ul>
                <li>Lista Electoral</li>
                <li>Lista Negra</li>
                <li>Lista de Contactos</li>
                <li>Lista de Correos</li>
                <li>Lista de Cotejo</li>
            </ul>
        </section>
    </body>
</html>
```

5.7 Caso desarrollado 4: Listas ordenadas con numeración decimal

Implementar el siguiente diseño dentro de un documento web usando listas ordenadas con numeración decimal.

Se deben tener en cuenta los siguientes pasos:

1. Cree un proyecto web llamado **Caso_Ordenada_Decimal**.

2. Cree una carpeta llamada "css" dentro del proyecto para almacenar el archivo estilo.css.

3. Cree una carpeta llamada "img" dentro del proyecto para almacenar la imagen del diseño.

estilo.css

```css
/*Estilo para el fondo del documento web*/
body{
    font-family:Tahoma;
    font-size:14px;
}

/*Estilo para la sección*/
section{
    background:#CCC;
    max-width:200px;
    padding: 10px;
}

/*Estilo para la imagen*/
img {
    width: 200px;
}
```

```
ol{
    list-style-type: decimal;
}
```

index.html

```
<!DOCTYPE html>
<html>
    <head>
        <title>Listas Desordenadas</title>
        <meta charset="UTF-8">
        <link href="css/estilo.css" rel="stylesheet" type="text/css"/>
        <meta name="viewport" content="width=device-width, initial-scale=1.0">
    </head>
    <body>
        <section>
            <header>
                <h2>Lista-Enumeración</h2>
                <img src="img/foto.png" alt=""/>
            </header>
            <p>
                Es un listado de elementos. Las restricciones impuestas al tipo de
                listado dependen del contexto en el cual se trabaje.
            </p>
            <p>Datos de Interés</p>
            <ol>
                <li>Lista Electoral</li>
                <li>Lista Negra</li>
                <li>Lista de Contactos</li>
                <li>Lista de Correos</li>
                <li>Lista de Cotejo</li>
            </ol>
        </section>
    </body>
</html>
```

5.8 Caso desarrollado 5: Listas ordenadas con numeración romana

Implementar el siguiente diseño dentro de un documento web usando listas ordenadas con numeración romana.

Se deben tener en cuenta los siguientes pasos:

1. Cree un proyecto web llamado **Caso_Ordenada_Romana**.

2. Cree una carpeta llamada "css" dentro del proyecto para almacenar el archivo estilo.css.

3. Cree una carpeta llamada "img" dentro del proyecto para almacenar la imagen del diseño.

estilo.css

```css
/*Estilo para el fondo del documento web*/
body{
    font-family:Tahoma;
    font-size:14px;
}


/*Estilo para la sección*/
section{
    background:#CCC;
    max-width:200px;
    padding: 10px;
}


/*Estilo para la imagen*/
img {
    width: 200px;
}


ol{
    list-style-type: upper-roman;
}
```

index.html

```html
<!DOCTYPE html>
<html>
    <head>
        <title>Listas Desordenadas</title>
        <meta charset="UTF-8">
        <link href="css/estilo.css" rel="stylesheet" type="text/css"/>
        <meta name="viewport" content="width=device-width, initial-scale=1.0">
    </head>
    <body>
        <section>
            <header>
                <h2>Lista-Enumeración</h2>
                <img src="img/foto.png" alt=""/>
            </header>
            <p>
                Es un listado de elementos. Las restricciones impuestas al tipo de
                listado dependen del contexto en el cual se trabaje.
            </p>
            <p>Datos de Interés</p>
            <ol>
                <li>Lista Electoral</li>
                <li>Lista Negra</li>
                <li>Lista de Contactos</li>
                <li>Lista de Correos</li>
                <li>Lista de Cotejo</li>
            </ol>
        </section>
    </body>
</html>
```

Capítulo 6

Enlaces y navegación

6.1 Introducción

Un enlace web es una conexión que se establece con un elemento de un documento con el propósito de enlazar una página web, mostrar un documento, visualizar un vídeo o escuchar música. Este elemento puede ser una palabra o conjunto de palabras, algún símbolo o una simple imagen; esta última es actualmente la más usada. Todo esto dependerá de la naturaleza de los enlaces previstos.

Un ejemplo claro de enlaces se puede observar al acceder a la URL **www.youtube.com**, en la cual es posible visualizar un vídeo desde un enlace web. Por otro lado, si se habla de un portal web, los enlaces se pueden incluir en el mismo documento, como se puede observar en la siguiente imagen, que muestra un mapa web del sitio.

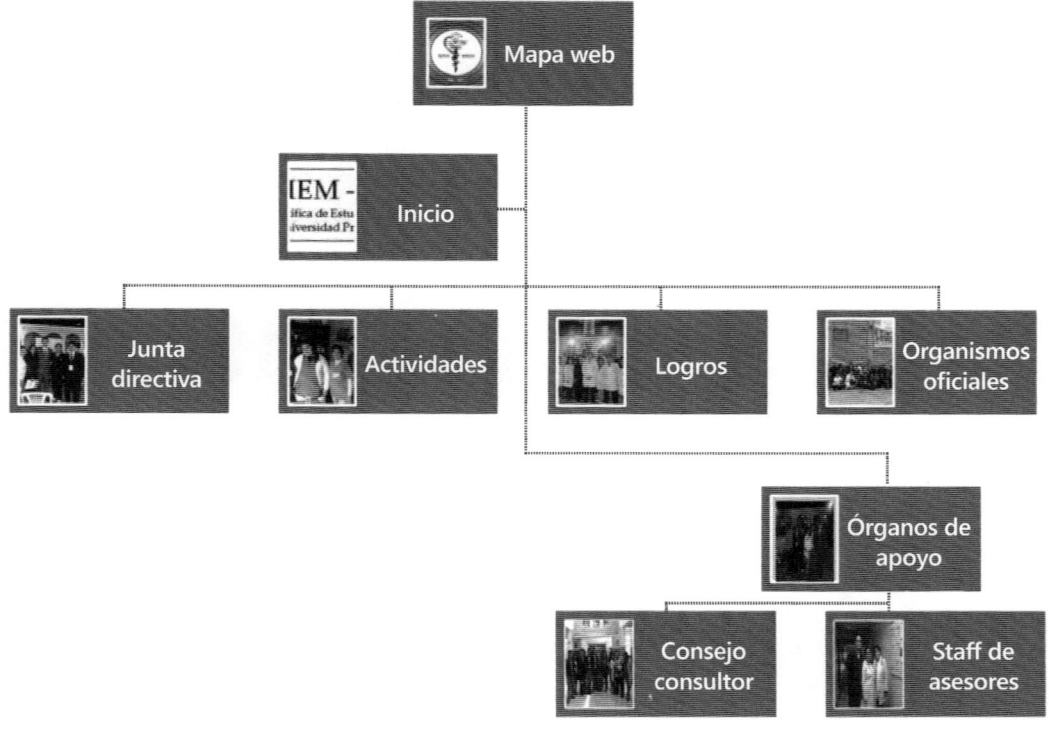

Los enlaces web se pueden dividir en dos grupos dependiendo del control y la distribución del mapa web realizado por el administrador web. Los grupos son los siguientes:

a. **Control interno:** se trata de tener el control de los enlaces mediante palabras clave que dirigen a páginas web que se encuentran alojadas dentro del mismo sitio web.

b. **Control externo:** se trata de tener el control de páginas que no son administradas por el sitio web, sino que dependen de otros servidores web. Aquí se tiene una clara dependencia de lo externo, pues, si fuera una página web de ventas, no habría que enlazarlo externamente a un cliente, ya que sería semejante a enviarlo a la competencia.

Finalmente, el objetivo de administrar los enlaces web genera un comportamiento especial en los algoritmos que se encuentran en los buscadores, particularmente el algoritmo PageRank1 de Google. Este último asigna un valor numérico que representa la importancia que una página web tiene en la internet. La idea de Google es que cuando una página realiza un enlace a otra web es un voto asignado a la página visitada.

6.2 Estructura de la URL

El manejo de las URL es algo cotidiano cuando se navega por Internet, ya que en un porcentaje muy alto del tiempo uno se dedica a escribir direcciones URL en el navegador.

La estructura general de una URL es la siguiente:

protocolo://servidor/directorio/pagina

Donde:

A. Protocolo

Aquí se define la forma de comunicarse entre los ordenadores participantes de la red. Es decir, se le indica al ordenador qué tipo de protocolo debe usar para realizar la conexión. Los protocolos más conocidos son los siguientes:

a. **http - HiperText Transfer Protocol:** es el protocolo más usado en la web, su puerto por defecto es el 80.

b. **ftp - File Transfer Protocol:** es el protocolo que se usa para transferir archivos a un servidor. Su puerto por defecto es el 21.

c. **mailto:** es el puerto que se usa para indicar una dirección de correo electrónico a la cual se desea acceder.

B. Servidor

Aquí se define el nombre de la máquina destino, también llamado servidor, puesto que proveerá de información. Se componen de tres partes:

RED	NOMBRE DEL SERVIDOR	TIPO Y PAÍS
www	google	com.pe

a. **Red:** también es conocido como host, y hace referencia a cualquier tipo de ordenador conectado en la red. El más usado es www.

b. **Nombre del servidor:** es el nombre que se le asigna a la máquina destino, de la cual se desea obtener la información solicitada. El nombre asignado está comercialmente distribuido y suele ser el patrón representativo de una organización. Por ejemplo: Google, YouTube, Facebook.

c. **Tipo y país:** representan la ocupación del servidor, es decir, el apartado al cual se accede, como, por ejemplo, .com (comercial), .net (relacionado a la red) y .org (organizaciones), .gob (organizaciones del gobierno), .mil (organizaciones militares), .edu (organizaciones educativas). Al final, también se incluye su zona geográfica como, por ejemplo, .pe (Perú), .es (España), etc.

C. Directorio

Su trabajo es similar a los directorios del sistema operativo. Es decir, organizará las páginas que se tienen en el servidor. Por ejemplo, en el enlace **http://www.editorialmacro/autor/pagina1.html** se puede observar el directorio "autor", que representa el repositorio de las páginas de los autores de la editorial.

D. Página

Representa a la página web que se desea acceder. Se debe tener en cuenta que la página index.html se apertura por defecto sin necesidad de digitarla.

6.3 Enlaces básicos

Los enlaces básicos hacen referencia a las URL conocidas usando la etiqueta <a>. Se debe considerar que, si la URL es externa, se tiene que detallar toda la URL. Por otro lado, si la página web se encuentra dentro del mismo sitio web, solo se hará referencia con el nombre del archivo y su extensión. El formato general es el siguiente:

```
<a>Texto de enlace</a>
```

6.3.1 Enlazando a otra página web

La idea de realizar los enlaces es poder navegar sobre un sitio web de la mejor manera posible y, por lo tanto, se usará el atributo href de la etiqueta <a> de la siguiente manera:

```
<a href="Ruta del archivo y extensión">Texto de Enlace</a>
```

Por ejemplo:

```
<a href="http://www.editorialmacro.com">Visita Editorial Macro</a>
```

Se puede observar que el atributo href hace referencia a la dirección URL completa, desde el protocolo hasta el nombre del documento web, el cual para este caso hace referencia al valor predeterminado llamado index.html.

Por otro lado, si se realiza una referencia a un documento web que se encuentre dentro del mismo sitio o proyecto web, se tendría el siguiente formato:

```
<a href="contactos.html">Contáctenos</a>
```

Se puede observar que el atributo href hace referencia solo al documento web. Esto se debe a que todos los archivos se encuentran dentro de la misma carpeta y no es necesaria su especificación completa.

6.3.2 Enlazando a un email

Los enlaces pueden referenciar a un email, pero se debe considerar que en su ordenador deberá estar previamente configurado su correo y un servidor correcto, ya que, al enlazar un email, se usa Outlook como medio de comunicación. Por ejemplo:

```
<a href="mailto:servicioalcliente@empleos.com">Escribanos</a>
```

a. Implementación de un menú de opciones haciendo uso de los enlaces básicos.

estilo.css

```css
/*Definición del marco*/
section{
    width: 350px;
    margin: 10px;
    padding: 4px;
    background-color: blue;
}


/*Quitar la viñeta de la lista y definir tipo de letra*/
#lista ul {
    list-style:none;
    font-family: Tahoma;
    font-size:16px;
}


/*Definición de color y quitar el subrayado*/
#lista ul li a {
    text-decoration:none;
    color:white;
}
```

index.html

```html
<!DOCTYPE html>
<html>
    <head>
        <link href="estilo.css" rel="stylesheet" type="text/css"/>
        <meta charset="UTF-8">
        <meta name="viewport" content="width=device-width, initial-scale=1.0">
    </head>
    <body>
        <section id="lista">
            <ul>
                <li><a href="principal.html">Principal</a></li>
                <li><a href="acerca.html">Acerca de Nosotros</a></li>
                <li><a href="productos.html">Nuestros Productos</a></li>
                <li><a href="mailto:atencion@tienda.com">Contactos</a></li>
            </ul>
        </section>
    </body>
</html>
```

b. Implementación de un menú de opciones de forma vertical haciendo uso de los enlaces básicos y que, al posicionar el ratón, muestre un color de fondo en el enlace:

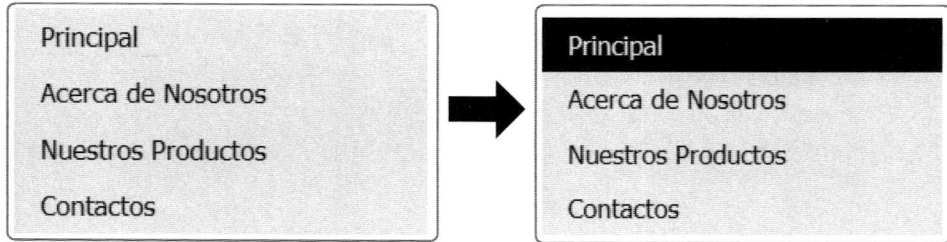

estilo.css

```css
/*Definición del tipo de letra*/
body{
    font-family: Tahoma;
}

/*Definición del ancho de la sección*/
section{
    width: 250px;
    background-color: #f1f1f1;


}
```

```css
/*Ocultando viñeta y anulando su espacio*/
ul {
    padding: 0px;
    list-style-type: none;
}

/*Definición de los enlaces*/
li a {
    display: block;
    color: #000;
    padding: 8px 0 8px 16px;
    text-decoration: none;
}

/*Modificar el color de fondo al pasar el ratón*/
li a:hover {
    background-color: black;
    color: white;
}
```

index.html

```html
<!DOCTYPE html>
<html>
    <head>
        <link href="estilo.css" rel="stylesheet" type="text/css"/>
        <meta charset="UTF-8">
        <meta name="viewport" content="width=device-width, initial-scale=1.0">
    </head>
    <body>
        <section>
            <ul>
                <li><a href="principal.html">Principal</a></li>
                <li><a href="acerca.html">Acerca de Nosotros</a></li>
                <li><a href="productos.html">Nuestros Productos</a></li>
                <li><a href="mailto:atencion@tienda.com">Contactos</a></li>
            </ul>
        </section>
    </body>
</html>
```

c. Implementación de un menú de opciones de forma horizontal que haga uso de los enlaces básicos y que, al posicionar el ratón, muestre un color de fondo en el enlace.

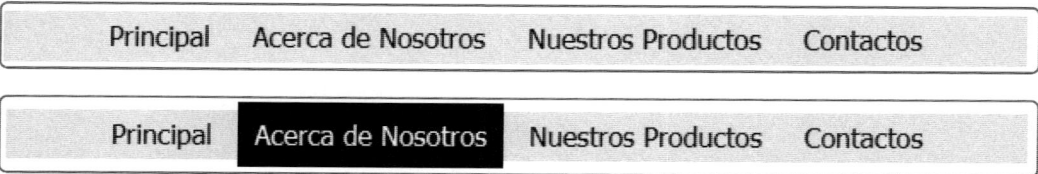

estilo.css

```css
/*Definición del tipo de letra*/
body{
    font-family: Tahoma;
}

/*Definición del ancho de la sección*/
section{
    width: 600px;
    height: 30px;
    text-align: center;
    background-color: #f1f1f1;
}

/*Definición de lista horizontal*/
li {
    display: inline;
}

/*Ocultando Viñeta y anulando su espacio*/
ul {
    padding: 5px;
    list-style-type: none;
}

/*Definición de los enlaces*/
li a {
    color: #000;
    padding: 10px;
    text-decoration: none;
}

/*Modificar el color de fondo al pasar el ratón*/
li a:hover {
    background-color: black;
    color: white;
}
```

index.html

```html
<!DOCTYPE html>
<html>
    <head>
        <link href="estilo.css" rel="stylesheet" type="text/css"/>
        <meta charset="UTF-8">
        <meta name="viewport" content="width=device-width, initial-scale=1.0">
    </head>
    <body>
        <section>
            <ul>
                <li><a href="principal.html">Principal</a></li>
                <li><a href="acerca.html">Acerca de Nosotros</a></li>
                <li><a href="productos.html">Nuestros Productos</a></li>
                <li><a href="mailto:atencion@tienda.com">Contactos</a></li>
            </ul>
        </section>
    </body>
</html>
```

6.4 Tipos de URL

A veces se dejan de lado aspectos importantes dentro de la definición de los enlaces web, uno de ellos es el tipo de URL con el que se cuenta. Precisar esto podría ahorrar tiempo y espacio en un documento web. A continuación, se mostrarán los dos tipos de URL más conocidos.

6.4.1 URL absoluto

Se le llama así cuando se hace referencia a un elemento por su URL completa, incluyendo el protocolo (http). Normalmente es usado para enlaces externos, es decir, de una web a otra. Por ejemplo:

a. Enlace URL externo:

```html
<a href="http://www.agencia.com">Agencia de Empleos</A>
```

b. Enlace a una imagen desde una URL externa:

```html
<a href="http://www.agencia.com/images/foto1.jpg">Foto1</A>
```

Estos tipos de URL son usados cuando se necesita una imagen, vídeo o algún elemento que se encuentre en otro servidor o dominio.

6.4.2 URL relativo

Se le llama así cuando se hace referencia a elementos que se encuentran dentro del mismo sitio web. Eso quiere decir que se debe conocer exactamente cómo está compuesto el sitio web para poder hacer la referencia correcta. Para hacer referencia a un elemento contenido dentro del sitio web se debe especificar la ruta a través de la jerarquía de carpetas desde la carpeta actual hasta el vinculado.

Por ejemplo:

Enlace a una imagen:

```
<a href="imágenes/foto1.jpg">Foto1</a>
```

Si se cuenta con el siguiente mapa de sitio:

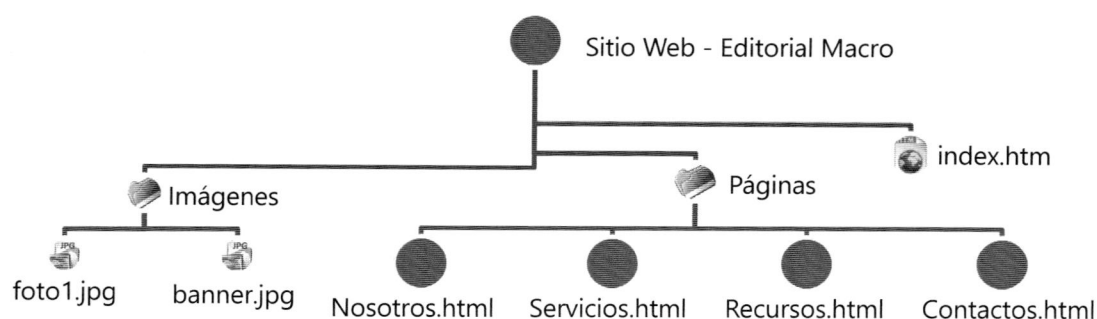

6.4.3 Diferencias entre URL absoluta y relativa

Se pueden encontrar las siguientes diferencias entre URL absolutas y relativas:

A. Si el destino del enlace se encuentra en un nivel inferior al origen

En el siguiente ejemplo se asume que la URL de origen es la carpeta principal y se desea hacer referencia a la página **nosotros.html**, la cual se encuentra en un nivel inferior.

a. Origen: **http://www.editorial.com/index.html**

b. URL absoluta: **http://www.editorial.com/paginas/nosotros.html**

c. URL relativa: **paginas/nosotros.html**

Lo recomendado en este caso es usar la referencia que muestra la URL relativa, pues desde el origen accede a la carpeta **Páginas** y muestra el documento **nosotros.html**. En cambio, la URL absoluta especifica toda la dirección del elemento.

B. Si el destino del enlace se encuentra en el mismo nivel del origen

En el siguiente ejemplo se asume que la URL de origen es la carpeta **Páginas**, que se encuentra dentro de la carpeta principal, y se desea hacer referencia a la página **servicios.html**, la cual se encuentra en la misma carpeta.

a. Origen: **http://www.editorial.com/paginas/nosotros.html**

b. URL absoluta: **http://www.editorial.com/paginas/servicios.html**

c. URL relativa: **servicios.html**

Lo recomendado en este caso es usar la referencia que muestra la URL relativa, pues tanto el archivo origen como el de destino se encuentran en la misma carpeta.

C. Si el destino del enlace se encuentra en un nivel superior al origen

En el siguiente ejemplo se asume que la URL de origen es la carpeta páginas, que se encuentra dentro de la carpeta principal, y se desea hacer referencia a la imagen llamada **banner.jpg**, la cual se encuentra dentro de la carpeta imágenes.

a. Origen: **http://www.agencia.com/paginas/nosotros.html**

b. URL Absoluta: **http://www.agencia.com/imagenes/banner.jpg**

c. URL Relativa: **.../imágenes/banner.jpg**

Con respecto a la URL relativa se debe considerar que los dos puntos seguidos ocasionan que se suba un nivel y, desde allí, se puede acceder a otro directorio, como sucede en este caso: en el que era necesario acceder a imágenes.

a. Implementación de un menú de opciones haciendo uso de los tipos de URL.

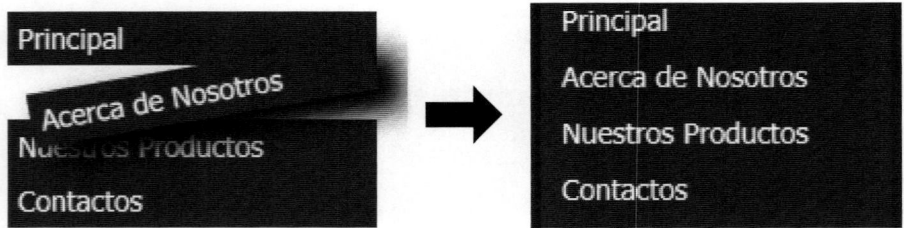

estilo.css

```
/*Definición del marco*/
section{
    width:180px;
    font-family:Tahoma;
    font-size:14px;
}

/*Quintando las viñetas y el espacio de la viñeta*/
#lista ul {
    list-style:none;
    padding: 0px;
}

/*Definición del enlace*/
#lista ul li a {
    display:block;
    background-color:#333;
    padding: 5px;
    text-decoration:none;
    color: white;
}
```

```
/*Definición del enlace al posicionar el ratón*/
#lista ul li a:hover {
    -moz-transform:rotate(-5deg);
    -moz-box-shadow:10px 10px 20px #000000;
    -webkit-transform:rotate(-5deg);
    -webkit-box-shadow:10px 10px 20px #000000;
    transform:rotate(-10deg);
    box-shadow:10px 10px 20px #000000;
    margin-left: 10px;
}
```

index.html

```
<!DOCTYPE html>
<html>
    <head>
        <link href="estilo.css" rel="stylesheet" type="text/css"/>
        <meta charset="UTF-8">
        <meta name="viewport" content="width=device-width, initial-scale=1.0">
    </head>
    <body>
        <section id="lista">
            <ul>
                <li><a href="#">Principal</a></li>
                <li><a href="#">Acerca de Nosotros</a></li>
                <li><a href="#">Nuestros Productos</a></li>
                <li><a href="#">Contactos</a></li>
            </ul>
        </section>
    </body>
</html>
```

b. Implementación de un menú de opciones haciendo uso de los tipos de URL.

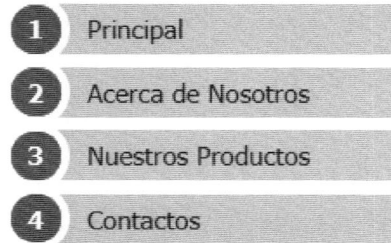

estilo.css

```css
section{
    width: 250px;
}

#lista {
    counter-reset: li;
    list-style: decimal;
    font: 15px 'Tahoma';
    padding: 0;
}

#lista li{
    position: relative;
    display: block;
    padding: .4em .4em .4em 2em;
    *padding: .4em;
    margin: .5em 0;
    background: #ddd;
    color: white;
    text-decoration: none;
    border-radius: .3em;
    transition: all .3s ease-out;
}

#lista li:hover{
    background: #eee;
}

#lista li:hover:before{
    transform: rotate(180deg);
}

#lista li:before{
    content: counter(li);
    counter-increment: li;
    position: absolute;
    left: -1.3em;
    top: 50%;
    margin-top: -1.3em;
    background: red;
    height: 2em;
    width: 2em;
    line-height: 2em;
    border: .3em solid #fff;
```

```
        text-align: center;
        font-weight: bold;
        border-radius: 2em;
        transition: all .3s ease-out;
}


#lista ul li a {
        text-decoration:none;
}
```

index.html

```
<!DOCTYPE html>
<html>
    <head>
        <link href="estilo.css" rel="stylesheet" type="text/css"/>
        <meta charset="UTF-8">
        <meta name="viewport" content="width=device-width, initial-scale=1.0">
    </head>
    <body>
        <section id="lista">
            <ul>
                <li><a href="#">Principal</a></li>
                <li><a href="#">Acerca de Nosotros</a></li>
                <li><a href="#">Nuestros Productos</a></li>
                <li><a href="#">Contactos</a></li>
            </ul>
        </section>
    </body>
</html>
```

c. Implementación de un menú de opciones haciendo uso de los tipos de URL.

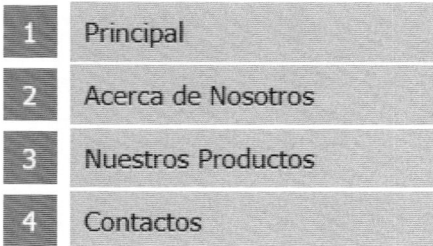

estilo.css

```css
section{
    width: 250px;
}

#lista {
    counter-reset: li;
    list-style: none;
    font: 15px 'Tahoma';
    padding: 0;
    margin-bottom: 4em;
    text-shadow: 0 1px 0 rgba(255,255,255,.5);
}

#lista ol {
    margin: 0 0 0 2em;
}

#lista li{
    position: relative;
    display: block;
    padding: 8px;
    margin: 2px;;
    background: #ddd;
    color: white;
}

#lista li:hover{
    background: #eee;
}

#lista li:before{
    content: counter(li);
    counter-increment: li;
    position: absolute;
    left: -2.5em;
    top: 50%;
    margin-top: -1em;
    background: #fa8072;
    height: 2em;
    width: 2em;
    line-height: 2em;
    text-align: center;
}
```

```css
#lista li:after{
    position: absolute;
    content: '';
    border: .5em solid transparent;
    left: -1em;
    top: 50%;
    margin-top: -.5em;
    transition: all .3s ease-out;
}

#lista li:hover:after{
    left: -.5em;
    border-left-color: #fa8072;
}
#lista ul li a {
    text-decoration:none;
}
```

index.html

```html
<!DOCTYPE html>
<html>
    <head>
        <link href="estilo.css" rel="stylesheet" type="text/css"/>
        <meta charset="UTF-8">
        <meta name="viewport" content="width=device-width, initial-scale=1.0">
    </head>
    <body>
        <section id="lista">
            <ul>
                <li><a href="#">Principal</a></li>
                <li><a href="#">Acerca de Nosotros</a></li>
                <li><a href="#">Nuestros Productos</a></li>
                <li><a href="#">Contactos</a></li>
            </ul>
        </section>
    </body>
</html>
```

6.5 Atributos de la etiqueta <a>

Hasta ahora solo hemos definido la propiedad href de la etiqueta <a>, pero, a continuación, se mostrarán algunas propiedades más. Estas resultan interesantes en el momento de definir los enlaces.

A. Atributo accesskey

Es la definición de atajos mediante el teclado, para lo cual se define una letra que, en combinación con la tecla **ALT**, se acciona. El estándar HTML5 incorpora las "accesskeys" como un atributo global que se puede usar en cualquier etiqueta HTML.

En el siguiente script se está definiendo como una combinación de teclas a **ALT+E** para acceder a la URL **www.editorialmacro.com**.

```
<a href="http://www.editorialmacro.com" accesskey="e">Editorial Macro</a>
```

A continuación, se muestra un ejemplo para el caso de las cajas de texto en un formulario. Aquí se están definiendo combinaciones de teclas para el acceso a las cajas de textos en un formulario.

```
<form>
  name: <input type="text" accesskey="n"/>
  password: <input type="password" accesskey="p"/>
  <input type="submit" accesskey="s"/>
</form>
```

B. Atributo target

Permite establecer el modo de abrir un enlace web. Uno está acostumbrado a enlazar a documentos haciendo clic sobre un enlace, lo cual genera que la página destino sustituya a la página actual en la misma ventana del navegador. Esto puede ser o no lo que el usuario quería; solo se sabrá si vuelve a la página anterior. En este caso, target presenta los siguientes cuatro valores:

a. **_self:** es el valor por defecto de la carga de una página web. Se realiza en la misma ventana.

```
<a href="index.html" target="_self">Principal</a>
```

b. **_blank:** es la carga de la página web. Se realiza en una nueva ventana y envía el contenido del enlace allí. En algunos navegadores se abre una pestaña donde se muestra el contenido, como es el caso de Google Chrome.

```
<a href="contacto.html" target="_blank"> Contacto </a>
```

c. **_top:** permite identificar a la ventana de nivel superior según la navegabilidad realizada en la web. Se mostrará el contenido web en la ventana inicial de navegación.

```
<a href="contacto.html" target="_top"> Contacto </a>
```

d. **_parent:** permite identificar a la ventana de nivel inmediatamente superior. Se mostrará el contenido web en la ventana inmediata superior.

```
<a href="contacto.html" target="_parent"> Contacto </a>
```

C. Atributo title

Permite asignar un texto alternativo sobre un enlace al posicionar el ratón por encima del mismo. Por ejemplo, si se necesita mostrar el mensaje "Visita nuestra web" en el enlace de Editorial Macro.

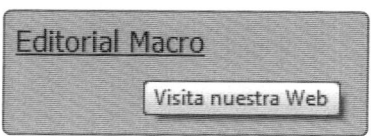

```
<a href="http://www.editorialmacro.com"
   title="Visita nuestra web">editorial macro
</a>
```

D. Atributo type

Permite especificar los tipos MIME (Internet Media Types) para definir los formatos de archivos en los enlaces web, a fin de que el sistema sepa cómo manejarlos.

```
<a href="http://www.editorialmacro.com"
   type="text/html">editorial macro
</a>
```

6.6 Implementación de enlaces por anclas

En el caso anterior se vió cómo usar los enlaces entre las páginas haciendo uso de los estilos CSS. Sin embargo, en ocasiones se tendrá que enlazar directamente al contenido de la misma página web como consecuencia de un artículo extenso, el cual será controlado por medio de enlaces.

Un ancla se define como un hito o llave de un determinado lugar dentro del mismo documento web. A continuación, se mostrará el formato para la creación de anclas.

```
<a name="nombre del ancla">punto de retorno</a>
```

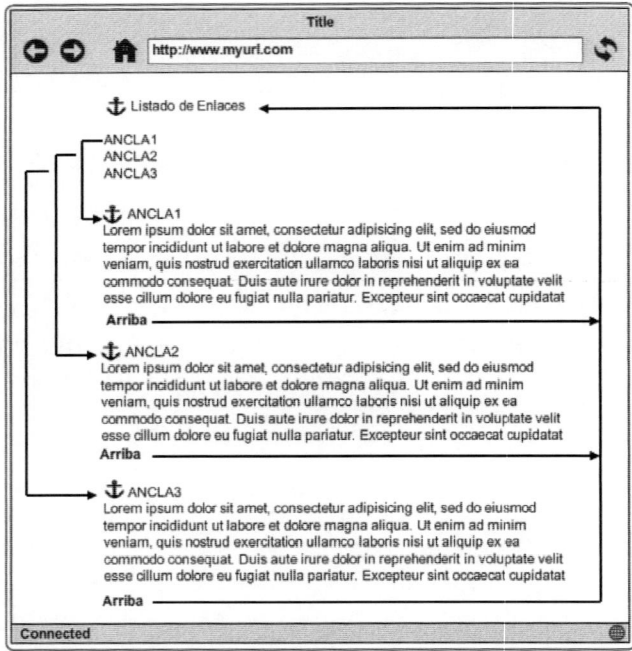

Es preciso separar la definición del ancla con el enlace que se hace a esta. La definición del ancla permite asignar un hito o punto de retorno. Por ahora, esto será determinado en el mismo documento. El código HTML5 para la anterior imagen sería el siguiente:

```
<a name="arriba">LISTADO DE ENLACES</a>
<a name="ancla1">ancla1</a>
<a name="ancla2">ancla2</a>
<a name="ancla3">ancla3</a>
```

La propiedad name de la etiqueta <a> permite asignar un nombre a una sección del documento web. La referencia hacia el ancla debe seguir el siguiente formato:

```
<a href="#nombre del ancla">enlace al ancla</a>
```

Siguiendo con el ejemplo basado en la imagen superior, se tendría el siguiente código para referenciar a las anclas:

```
<a href="#arriba">arriba</a>
<a href="#ancla1"> ancla1 </a>
<a href="#ancla2"> ancla2 </a>
<a href="#ancla3"> ancla3 </a>
```

6.7 Caso desarrollado 1: Uso de la etiqueta <a> y <nav>

Implemente el siguiente diseño de menú de opciones haciendo uso de las etiquetas de enlace y navegación.

Se deben tener en cuenta los siguientes pasos:

1. Cree un proyecto web llamado **Caso_Menu_Basico**.

2. Cree una carpeta llamada "css" dentro del proyecto para almacenar el archivo estilo.css.

estilo.css

```css
/*Estilo para el fondo del documento*/
body{
    font-family:Tahoma, Geneva, sans-serif;
    font-size:12px;
}
nav{
    /*Estilos para Bordes redondeados*/
    border-radius:10px;
    /*Estilo para Degradados*/
    background-image: -webkit-gradient(linear, left top,
        left bottom, from(#FFF), to(#CCC));
    overflow:hidden;
    padding:5px;
    width:600px;
}
/*Estilo para la lista desordenada*/
nav ul{
    list-style:none;
    margin:0 10px 0 10px;
}
/*Bordes redondeados para los elementos de la lista*/
nav ul li{
    border-radius:5px;/*Estandar por defecto*/
    float:left;
    font-family:Tahoma, Geneva, sans-serif;
    font-size:16px;
    font-weight:bold;
    margin-right:10px;
    text-align:center;
}
/*Sombras al posicionar el mouse por encima de los elementos*/
nav ul li:hover{
    box-shadow:  1px -1px 0px #999;
    border:1px solid #E3E3E3;
}
/*Estilo para los enlaces*/
nav ul li a{
    color:#000;
    display:block;
    padding:10px;
```

```
    text-decoration:none;
    /*Transiciones*/
    -webkit-transition: 0.4s linear all;
    -moz-transition: 0.4s linear all;
    -o-transition: 0.4s linear all;
    transition: 0.4s linear all;
}
```

index.html

```
<!DOCTYPE html>
<html>
    <head>
        <meta charset="UTF-8">
        <link href="css/estilo.css" rel="stylesheet" type="text/css"/>
        <meta name="viewport" content="width=device-width, initial-scale=1.0">
    </head>
    <body>
        <header>
            <h2>EDITORIAL MACRO S.A.C</h2>
        </header>
        <nav>
            <ul>
                <li><a href="inicio.html">Principal</a></li>
                <li><a href="nosotros.html">Nosotros</a></li>
                <li><a href="servicios.html">Servicios</a></li>
                <li><a href="recursos.html">Recursos</a></li>
                <li><a href="contactenos.html">Contáctenos</a></li>
            </ul>
        </nav>
    </body>
</html>
```

6.8 Caso desarrollado 2: Proyecto web – Agencia de empleos

Una agencia de empleos en Lima ha pedido la implementación de un sitio web basado en HTML5 y CSS3. Se le propone la estructura básica del sitio con el siguiente esquema:

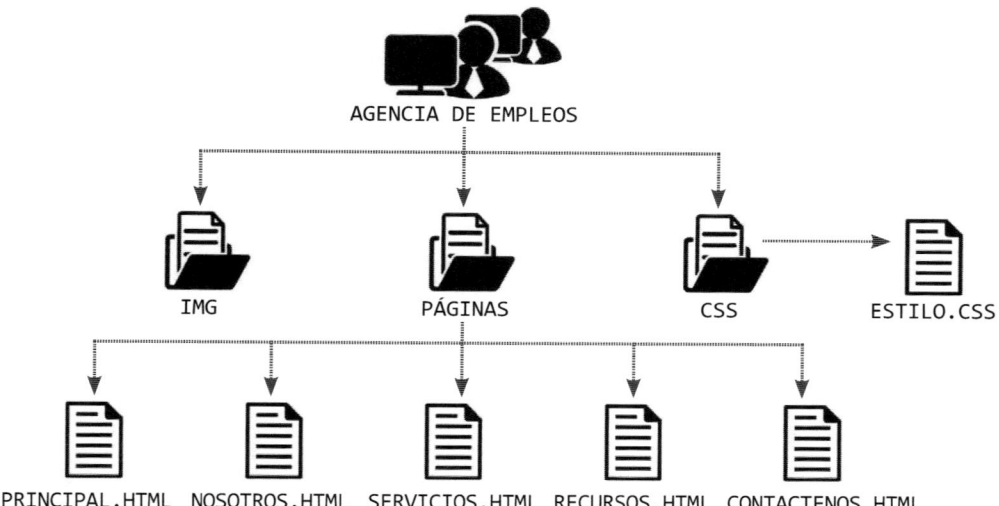

Donde:

- **img:** aquí se alojarán todas las imágenes usadas en la implementación del sitio web.

- **css:** aquí se alojarán los archivos de tipo CSS, es decir, los estilos que formatearán los elementos contenidos en los documentos web.

- **Principal:** es el archivo principal del proyecto, el cual le dará la presentación al sitio web.

- **Nosotros:** es el archivo que permitirá describir a la empresa y lo que la diferencia de las demás empresas del mismo campo.

- **Servicios:** es el archivo que permitirá describir los servicios que brinda la agencia de empleos para los ciudadanos peruanos.

- **Recursos:** es el archivo que permitirá mostrar los recursos del proyecto web.

- **Contáctenos:** el enlace dirigirá hacia el correo electrónico informa@agencia.com.

Se deben tener en cuenta los siguientes pasos:

1. Cree un proyecto web llamado **Caso_ProyectoWeb_Agencia**.

2. Cree una carpeta llamada "css" dentro del proyecto para almacenar el archivo estilo.css.

3. Cree una carpeta llamada "img" dentro del proyecto para almacenar las cuatro imágenes mostradas en el diseño.

La siguiente imagen muestra el factor común que deben tener todas las páginas del sitio web AGENCIA DE EMPLEOS:

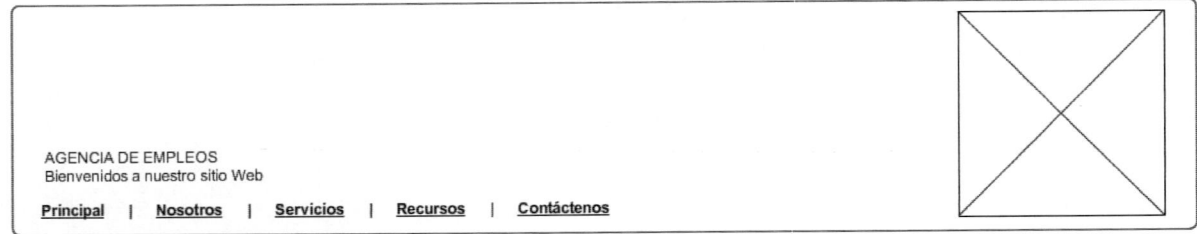

Los enlaces deberán estar asignados a sus respectivas páginas web, y deben respetar el siguiente patrón:

ENLACE	ARCHIVO WEB
Principal	index.html
Nosotros	nosotros.html
Servicios	servicios.html
Recursos	recursos.html
Contáctenos	mailto:informa@agencia.com

4. Asígnele a cada elemento del menú un título, mostrando un mensaje referente al elemento de enlace.

El proyecto "Agencia de Empleos" se debe visualizar de la siguiente manera:

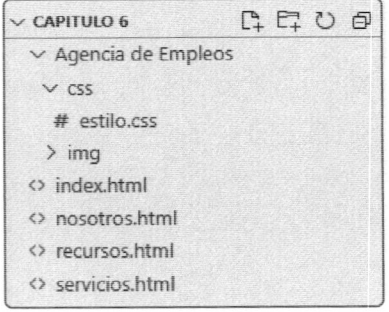

estilo.css

```css
/*Estilo para todo el documento*/
body {
    background: #1EB0D7;
    font-family: Tahoma;
    font-size: 11px;
    width: 1200px;
    margin: auto;
}
/*Estilo para la imagen arriba*/
#logo {
    background: url(.../img/logo.png)  no-repeat right;
    margin: 0 0px;
```

```
        background-size: 60%;
        padding: 25em 0em 5em 0em;
        text-transform: uppercase;
}
/*Estilo para la etiqueta <a> incluída en H1*/
#logo h1 a {
        margin: 0em;
        padding: 0;
        letter-spacing: -.1em;
        text-decoration: none;
        font-size: 2em;
        font-weight: bold;
        color: #FFFFFF;
}
/*Estilo para el subtítulo "BIENVENIDOS A NUESTRO SITIO WEB"*/
#subtitulo {
        padding: 0em;
        margin-top:-1em;
        font-size: 1.5em;
        color: #BDF2FF;
}
/*Estilo para los elementos de la lista del menú*/
#menu li {
        display: inline-block;
        margin-top: -2em;
}

/*Estilo para la etiqueta del Menú de opciones*/
#menu a {
        display: block;
        float: left;
        margin-right: 0.12em;
        padding: 1em 1.5em;
        background: #178EAE;
        box-shadow: inset 0px -2px 0px 0px rgba(0,0,0,0.25);
        text-decoration: none;
        text-shadow: 1px 1px 0px #0C749C;
        text-transform: uppercase;
        font-size: .90em;
        color: #FFFFFF;
}
/*Estilo para la sección que muestra el contenido*/
#seccion{
        width:1150px;
        padding: 0px 10px;
        background:#FFF;
```

```
    height:270px;
}
/*Estilo para la sección los servicios*/
#seccionServicios{
    width:1150px;
    padding: 20px 40px;
    background:#FFF;
    height:280px;
}

/*Estilo para la imagen que se encuentra dentro de la sección*/
#imagen{
    margin: 0px;
    width:380px;
    height:200px;
    text-align:center;
}
/*Estilo para el título dentro de la sección*/
#subtitulo2{
    font-family:Tahoma, Geneva, sans-serif;
    font-size:25px;
    color:#039;
}
/*Estilo para el texto del lado derecho*/
#ladoderecho{
    margin: -5px 20px 0px 0px;
    float:right;
    width: 65%;
    text-align:justify;
    color:#666;
}
/*Estilo para el pie del documento */
#pie{
    text-align:center;
}
/*Estilo para todo los párrafos del documento*/
p {
    font-family:Tahoma;
    font-size:11pt;
}

/*Estilo para el texto mostrado en el lado izquierdo NOSOTROS*/
#ladoizquierdo{
    margin: -5px 20px 0px 0px;
    float:left;
    width: 65%;
    font-size:11px;
```

```
        text-align:justify;
        color:#666;
}

/**/
#columna{
        margin: -5px 20px 0px 0px;
        float:left;
        width: 30%;
        color:#666;
}
#seccionextensa{
        width:1050px;
        padding: 20px 40px;
        background:#FFF;
        height:auto;
}
#centrado{
        text-align:center;
}
#lista li{
        font-size:11px;
}
```

a. **Página: index.html**

Código: index.html

```
<!DOCTYPE html>
<html>
    <head>
        <meta charset="UTF-8">
        <link href="css/estilo.css" rel="stylesheet" type="text/css"/>
        <meta name="viewport" content="width=device-width, initial-scale=1.0">
    </head>
```

```
    <body>
        <header id="logo">
            <h1><a href="principal.html">Agencia de Empleos</a></h1>
            <p id="subtitulo">Bienvenidos a nuestro sitio web</p>
        </header>
        <section>
            <nav id="menú">
                <ul>
                    <li><a href="index.html" title="Página Principal"
                           HREFLANG="es-pe" ACCESSKEY="I">Inicio</a></li>
                    <li><a href="nosotros.html" title="Conócenos"
                           HREFLANG="es-pe" ACCESSKEY="N">Nosotros</a></li>
                    <li><a href="servicios.html" title="Nuestros Servicios"
                           HREFLANG="es-pe" ACCESSKEY="S">Servicios</a></li>
                    <li><a href="recursos.html" title="Recursos"
                           HREFLANG="es-pe" ACCESSKEY="R">Recursos</a></li>
                    <li><a href="mailto:informa@agencia.com" title="Escríbanos"
                           HREFLANG="es-pe" ACCESSKEY="C">Contáctenos</a></li>
                </ul>
            </nav>
        </section>
        <section id="seccion">
            <header id="subtitulo2">Nuestra Agencia de Empleo</header>
            <img src="img/empleados.png"  id="imagen"/>
            <aside id="ladoderecho">
                <p>
                    Acá encontrarás la forma más fácil de encontrar a la trabajadora
del hogar que necesitas: para todo servicio, para el cuidado de los niños y para
la atención de adultos mayores. Te asesoramos en la búsqueda, selección y contrato
de trabajadoras del hogar de acuerdo a tus requerimientos. Nuestras trabajadoras
cuentan con sus documentos en regla, voluntad de hacer bien su trabajo y han asis-
tido a un taller de capacitación laboral por la Asociación Grupo de Trabajo Redes,
organización con veinte años de experiencia en servicio doméstico.
                    </br></br>
                    Nuestro servicio incluye el seguimiento del desempeño de la tra-
bajadora, garantía de reemplazo durante dos meses y orientación legal permanente. En
la Agencia de Empleos trabajamos de acuerdo a la Ley 27986, Ley de los Trabajadores
del Hogar. Está prohibido que niños y niñas menores de 14 años trabajen en servicio
doméstico.
                </p>
                <p>La Empresa.</p>
            </aside>
        </section>
        <footer id="pie"><p>Todos los derechos reservados - @2025</p></footer>
    </body>
</html>
```

b. Página: nosotros.html

Código: nosotros.html

```
<!DOCTYPE html>
<html>
    <head>
        <meta charset="UTF-8">
        <link href="css/estilo.css" rel="stylesheet" type="text/css"/>
        <meta name="viewport" content="width=device-width, initial-scale=1.0">
    </head>
    <body>
        <header id="logo">
            <h1><a href="principal.html">Agencia de Empleos</a></h1>
            <p id="subtitulo">Bienvenidos a nuestro sitio web</p>
        </header>
        <section>
            <nav id="menu">
                <ul>
                    <li><a href="index.html" title="Página Principal"
                        HREFLANG="es-pe" ACCESSKEY="I">Inicio</a></li>
                    <li><a href="nosotros.html" title="Conócenos"
                        HREFLANG="es-pe" ACCESSKEY="N">Nosotros</a></li>
                    <li><a href="servicios.html" title="Nuestros Servicios"
                        HREFLANG="es-pe" ACCESSKEY="S">Servicios</a></li>
                    <li><a href="recursos.html" title="Recursos"
                        HREFLANG="es-pe" ACCESSKEY="R">Recursos</a></li>
                    <li><a href="mailto:informa@agencia.com" title="Escríbanos"
                        HREFLANG="es-pe" ACCESSKEY="C">Contáctenos</a></li>
                </ul>
            </nav>
        </section>
        <section id="seccion">
            <header id="subtitulo2">Nosotros</header>
```

```
            <aside id="ladoizquierdo">
                <p>
                    Somos una empresa social creada por la Asociación Grupo de
Trabajo Redes. Bajo el lema compromiso y responsabilidad, te ofrecemos la mejor
alternativa en la búsqueda, selección y contratación de una trabajadora del hogar
responsable y eficiente a través de un servicio innovador por su calidez, garantía
y procedimientos enfocados en satisfacer tus necesidades y crear relaciones labo-
rales largas y exitosas.
                </br></br>
                    La Agencia de Empleos está inscrita en el Registro Nacional de
Agencias Privadas de Empleo del Ministerio de Trabajo y Promoción del Empleo. Asi-
mismo, contamos con Licencia de Funcionamiento de la Municipalidad y de Defensa Ci-
vil. Esto nos permite ofrecerte nuestros servicios con total seguridad y legalidad.
                </p>
            </aside>
            <img src="img/nosotros.png" id="imagen"/>
        </section>
        <footer id="pie"><p>Todos los derechos reservados - @2025</p></footer>

    </body>
</html>
```

c. Página: servicios.html

Código: servicios.html

```html
<!DOCTYPE html>
<html>
    <head>
        <meta charset="UTF-8">
        <link href="css/estilo.css" rel="stylesheet" type="text/css"/>
        <meta name="viewport" content="width=device-width, initial-scale=1.0">
    </head>
    <body>
        <header id="logo">
            <h1><a href="principal.html">Agencia de Empleos</a></h1>
```

```
                    <p id="subtitulo">Bienvenidos a nuestro sitio web</p>
            </header>
            <section>
                <nav id="menu">
                    <ul>
                        <li><a href="index.html" title="Página Principal"
                                HREFLANG="es-pe" ACCESSKEY="I">Inicio</a></li>
                        <li><a href="nosotros.html" title="Conócenos"
                                HREFLANG="es-pe" ACCESSKEY="N">Nosotros</a></li>
                        <li><a href="servicios.html" title="Nuestros Servicios"
                                HREFLANG="es-pe" ACCESSKEY="S">Servicios</a></li>
                        <li><a href="recursos.html" title="Recursos"
                                HREFLANG="es-pe" ACCESSKEY="R">Recursos</a></li>
                        <li><a href="mailto:informa@agencia.com" title="Escríbanos"
                                HREFLANG="es-pe" ACCESSKEY="C">Contáctenos</a></li>
                    </ul>
                </nav>
            </section>
            <section id="seccionServicios">
                <header id="subtitulo2">Nuestros Servicios</header>
                <aside id="columna">
                    <ul>
                        <li id="li">
                            <p><strong>Niñeras</strong></p>
                            <p>
                                Nuestro servicio de Niñeras ayuda a los padres de fami-
lia que necesitan dejar en manos responsables a sus hijos, ya sea porque se van a
trabajar antes de que sus niños se vayan al colegio o porque son niños muy pequeños
y necesitan de alguien para atenderlos durante todo el día, brindándoles no solo
seguridad o compañía, sino aprovechar el tiempo juntos para reforzar sus habilidades
con juegos educativos.
                            </p>
                        </li>
                        <li id="li">
                            <strong>Pagos mensuales:   </strong>
                            de 22 años      S/. 1200
                            de 52 años      S/. 1300
                            de 26 años      S/. 1200
                            de 36 años      S/. 950
                            de 18 años      S/. 900
                        </li>
                    </ul>
                </aside>
                <aside id="columna">
                    <ul>
                        <li id="li">
                            <p><strong>Cocineras</strong></p>
```

```
                    <p>
                            Múltiples recetas hechas de la forma más tradicional,
¡como la abuela…! Guisos, Menestras, Comida Criolla, Postres, Pastas, etc. Instruc-
ciones sobre: Conservación, manipulación y descongelado de alimentos. Le presenta-
remos una lista con más de 50 recetas para pueda elegir 5 por cada día del curso.
                    </p>
                </li>
                <li id="li">
                    <strong>Curso:</strong>
                    de 8 horas (12 recetas) | Nuestra recomendación sería im-
partirlas durante: 2 semanas / 1 día a la semana / 4 horas semanales. De 10 a 14
h., cuando los niños estén en el colegio.
                </li>
            </ul>
        </aside>
        <aside id="columna">
            <ul>
                <li id="li">
                    <p><strong>Empleadas del Hogar</strong></p>
                    <p>
                            Organizamos el tiempo diario de trabajo de la empleada
del hogar, dándole las pautas adecuadas para conseguir que adopte una misma rutina
de trabajo para el día a día. De esta manera, conseguimos que optimice al máximo el
tiempo del que dispone para realizar un trabajo profesional y correcto.
                    </p>
                </li>
                <li id="li">
                    <strong>Servicios:</strong>
                    Camas perfectas. Cobertura de cama. Cuartos de baño. Lim-
pieza de polvo. Aspirado y fregado de suelos. Cambio de sábanas y toallas. Limpieza
de cocina. Aspirador: funciones Utilización de utensilios y productos de limpieza.
                </li>
            </ul>
        </aside>
    </section>
    <footer id="pie"><p>Todos los derechos reservados - @2025</p></footer>
  </body>
</html>
```

d. Página: recursos.html

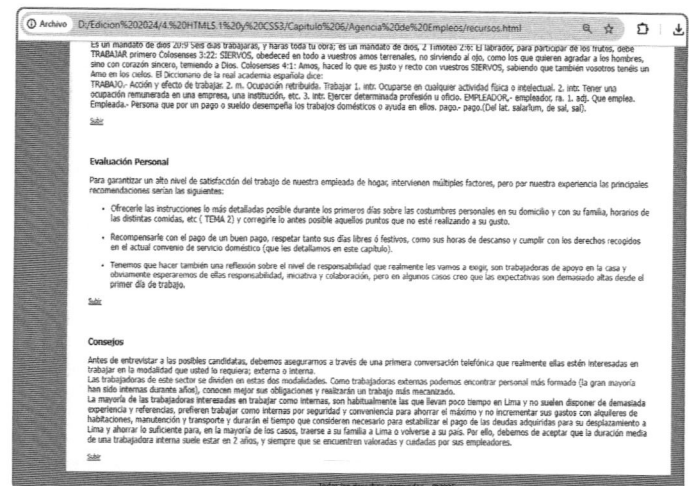

Código: recursos.html

```html
<!DOCTYPE html>
<html>
    <head>
        <meta charset="UTF-8">
        <link href="css/estilo.css" rel="stylesheet" type="text/css"/>
        <meta name="viewport" content="width=device-width, initial-scale=1.0">
    </head>
    <body>
        <header id="logo">
            <h1><a href="principal.html" name="arriba">
                    Agencia de Empleos
                </a>
            </h1>
            <p id="subtitulo">Bienvenidos a nuestro sitio web</p>
        </header>
        <section>
            <nav id="menu">
                <ul>
```

```
                        <li><a href="index.html" title="Página Principal"
                                HREFLANG="es-pe" ACCESSKEY="I">Inicio</a></li>
                        <li><a href="nosotros.html" title="Conócenos"
                                HREFLANG="es-pe" ACCESSKEY="N">Nosotros</a></li>
                        <li><a href="servicios.html" title="Nuestros Servicios"
                                HREFLANG="es-pe" ACCESSKEY="S">Servicios</a></li>
                        <li><a href="recursos.html" title="Recursos"
                                HREFLANG="es-pe" ACCESSKEY="R">Recursos</a></li>
                        <li><a href="mailto:informa@agencia.com" title="Escríbanos"
                                HREFLANG="es-pe" ACCESSKEY="C">Contáctenos</a></li>
                </ul>
            </nav>
        </section>
        <section id="sección">
            <header id="subtitulo2">Recursos</header>
            <aside id="columna">
                <img src="img/recurso1.jpg" id="imagen"/>
                <p><a href="#biblicos">Mensajes Bíblicos</a></p>
            </aside>
            <aside id="columna">
                <img src="img/recurso2.jpg" id="imagen"/>
                <p><a href="#evaluacion">Evaluación de Personal</a></p>
            </aside>
            <aside id="columna">
                <img src="img/recurso3.jpg" id="imagen"/>
                <p><a href="#consejos">Consejos Útiles</a></p>
            </aside>
        </section>
        <br/><br/>
        <section id="seccionextensa">
            <article>
                <p><strong><a name="biblicos">Mensajes Bíblicos</a></strong></p>
                <p>
                        Es un mandato de Dios 20:9 Seis días trabajarás, y harás toda
tu obra; es un mandato de Dios, 2 Timoteo 2:6: El labrador, para participar de los
frutos, debe TRABAJAR primero Colosenses 3:22: SIERVOS, obedeced en todo a vuestros
amos terrenales, no sirviendo al ojo, como los que quieren agradar a los hombres,
sino con corazón sincero, temiendo a Dios. Colosenses 4:1: Amos, haced lo que es
justo y recto con vuestros SIERVOS, sabiendo que también vosotros tenéis un Amo en
los cielos. El Diccionario de la Real Academia Española dice:
                </br>
                        TRABAJO.- Acción y efecto de trabajar. 2. m. Ocupación retribuida.
                        Trabajar 1. intr. Ocuparse en cualquier actividad física o in-
telectual. 2. intr. Tener una ocupación remunerada en una empresa, una institución,
etc. 3. intr. Ejercer determinada profesión u oficio.

                        EMPLEADOR,- empleador, ra. 1. adj. Que emplea.
```

```
                    Empleada.- Persona que por un pago o sueldo desempeña los tra-
bajos domésticos o ayuda en ellos.
                    pago.- pago.(Del lat. salarium, de sal, sal).
            </p>
            <a href="#arriba">Subir</a>
        </article>
    </section>
    <section id="seccionextensa">
        <article>
            <p><strong><a name="evaluacion">Evaluación Personal
                </a>
            </strong>
        </p>
        <p>

                    Para garantizar un alto nivel de satisfacción del trabajo de
nuestra empleada de hogar, intervienen múltiples factores, pero por nuestra expe-
riencia las principales recomendaciones serían las siguientes:
            <ul>
                <li>
                    <p>
                        Ofrecerle las instrucciones lo más detalladas posible
durante los primeros días sobre las costumbres personales en su domicilio y con su
familia, horarios de las distintas comidas, etc. (TEMA 2) y corregirle lo antes
posible aquellos puntos que no esté realizando a su gusto.
                    </p>
                </li>
                <li>
                    <p>
                        Recompensarle con su pago, respetar tanto sus días li-
bres o festivos, como sus horas de descanso y cumplir con los derechos recogidos
en el actual convenio de servicio doméstico (que les detallamos en este capítulo).
                    </p>
                </li>
                <li>
                    <p>
                        Tenemos que hacer también una reflexión sobre el nivel
de responsabilidad que realmente les vamos a exigir, son trabajadoras de apoyo en
la casa y obviamente esperaremos de ellas responsabilidad, iniciativa y colabora-
ción, pero en algunos casos creo que las expectativas son demasiado altas desde el
primer día de trabajo.
                    </p>
                </li>
            </ul>
        </p>
        <a href="#arriba">Subir</a>
    </article>
</section>
<section id="seccionextensa">
```

```
            <article>
                <p><strong><a name="consejos">Consejos</a></strong></p>
                <p>
                    Antes de entrevistar a las posibles candidatas, debemos asegu-
            rarnos a través de una primera conversación telefónica que realmente ellas estén
            interesadas en trabajar en la modalidad que usted lo requiera; externa o interna.
                    </br>
                    Las trabajadoras de este sector se dividen en estas dos modali-
            dades. Como trabajadoras externas podemos encontrar personal más formado (la gran
            mayoría han sido internas durante años), conocen mejor sus obligaciones y realizarán
            un trabajo más mecanizado. </br>
                    La mayoría de las trabajadoras interesadas en trabajar como in-
            ternas son habitualmente las que llevan poco tiempo en Lima y no suelen disponer de
            demasiada experiencia y referencias, prefieren trabajar como internas por seguridad
            y conveniencia para ahorrar el máximo y no incrementar sus gastos con alquileres de
            habitaciones, manutención y transporte y durarán el tiempo que consideren necesario
            para estabilizar el pago de las deudas adquiridas para su desplazamiento a Lima y
            ahorrar lo suficiente para, en la mayoría de los casos, traerse a su familia a Lima
            o volverse a su país. Por ello, debemos de aceptar que la duración media de una
            trabajadora interna suele estar en 2 años, y siempre que se encuentren valoradas y
            cuidadas por sus empleadores.
                </p>
                <a href="#arriba">Subir</a>
            </article>
        </section>
        <footer id="pie"><p>Todos los derechos reservados - @2025</p></footer>
    </body>
</html>
```

010 01 00 1011 1 1010 00001   101010 01 00 1011 1 1010 00001 1 1 1010 0000
0101 11000 0 10101 1   0001001   0101 11000 0 10101 1   00010010101 1   000
01 100 111 010101011 001   10 0101   100 111 010101011 001 1010101011 001
1   010101 1 01010 0101 10100 01   010101 1 01010 0101 101001010   0101 1
011   001101010100 1 10011 1 1 10001   001101010100 1 00110101010
    11   01000101   11010 1001 11 11 10 010001 11 11 10 01
1 00   10 00 1 001 0 001 01001 100   10 01100 100

Imágenes, audio y vídeo

7.1 Seleccionando de manera correcta las imágenes

Cuando se desarrollan páginas web, uno de los primeros problemas que se presenta es decidir qué imágenes contendrá, y el tipo y la calidad de las mismas. Es necesario conocer todos estos aspectos antes de usar cualquier tipo de imagen, puesto que no es recomendable ir a la sección de imágenes de Google, descargar las imágenes necesarias y colocarlas en un documento web. Hay muchas razones para no realizar esta actividad, y una de ellas es el tema del propietario o licencia de la imagen. En algunos países este tema aún no tiene la suficiente relevancia, pero eventualmente la tendrá. Por ahora, se mostrarán páginas web que usan imágenes copiadas desde otras.

Si no se cuentan con imágenes adecuadas y se limita a buscar en la internet, se deben tener en cuenta los siguientes puntos:

a. Revisar la licencia o derechos de autor: primero se debe comprobar si la imagen cuenta con la firma del autor o la licencia de la imagen de parte de una empresa u organización. Si es así, se debe solicitar el permiso necesario para su uso. También se debe considerar que hay páginas que ofrecen imágenes gratuitas previa suscripción como, por ejemplo, **http://www.sxc.hu/**.

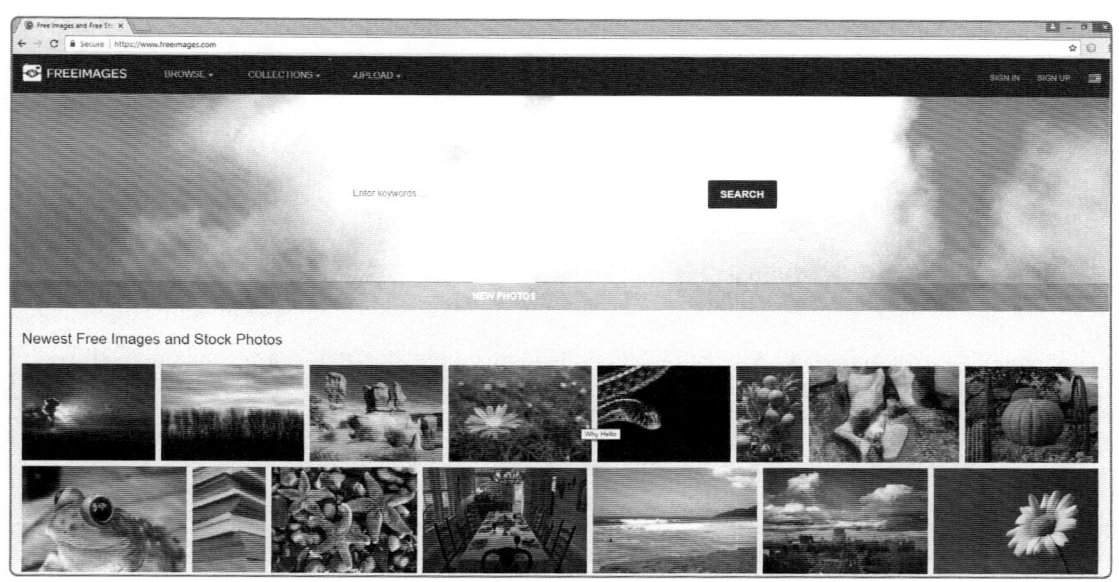

b. Compartir imágenes en las redes sociales: Facebook, Twitter y muchas redes sociales ponen a disposición la opción "comparte" o "compartir". Si las imágenes se encuentran bajo un usuario, implica que se conoce al autor, por lo tanto, el trámite de propiedad es más rápido.

c. Respetar la autoría mencionando al autor: si se va a usar imágenes que no son propias se debe mencionar el nombre del fotógrafo o empresa dueña de la imagen previa autorización de la misma. Se debe tener en cuenta que no solo se habla de imágenes estáticas, sino también de vídeos, gifs, dibujos, etc.

d. Referenciar la imagen a su lugar de origen: se recomienda siempre mencionar de dónde se obtuvo dicha imagen y así evitar problemas legales.

7.1.1 Imágenes GIF

Es un tipo de codificación para gráficos que es muy usado, sobre todo, en Internet para la implementación de páginas web. Esto se debe a que es un formato comprimido y, por lo tanto, su tamaño también es pequeño, lo cual gana tiempo de carga en un documento web. Se debe tener en cuenta que las imágenes GIF tienen una buena resolución cuando no se modifica el tamaño original de la imagen.

Las características más importantes son las siguientes:

a. GIF utiliza un protocolo de compresión llamado LZW para agrupar datos idénticos.

b. Ha sido diseñado específicamente para comprimir imágenes digitales y ser portable frente a cualquier dispositivo que permita visualizar un documento web.

c. Reduce la paleta de colores a 256 colores como máximo. Esto hace que una imagen GIF no tenga una buena resolución, pero, por otro lado, ocupe poco tamaño, lo cual resulta positivo.

d. El formato GIF no tiene licencia de uso gracias a la expiración de la patente LZW.

e. Admite gamas de menor número de colores, lo cual permite optimizar el tamaño del archivo que contiene la imagen.

f. Un archivo GIF puede contener varias imágenes dentro del mismo archivo, por lo que se pueden crear animaciones de poca resolución, pero suficientes para un documento web.

g. No es recomendable usar GIF para fotografías de cierta calidad ni originales, ya que el color real o verdadero utiliza una paleta de más de 256 colores.

7.1.2 Imágenes JPG

JPG es uno de los formatos más conocidos para la compresión de fotografías digitales. Actualmente es uno de los principales tipos de imágenes que se usan para la web. Tiene un soporte de color verdadero, es decir, de 24 bits. JPG ofrece imágenes con una gama de hasta 16 millones colores.

Hoy en día las cámaras digitales suelen almacenar las imágenes en formato JPG de forma predeterminada. Gracias al nivel de compresión que una imagen JPG puede tener se puede alterar la calidad de resolución, y escoger entre diferentes niveles de compresión.

Las características más importantes son las siguientes:

a. Permite ocupar poco espacio para la web o para envíos por email.

b. Puede comprimir una imagen hasta solo un 10 % de su tamaño original sin que el ojo humano pueda percibir grandes diferencias.

c. Cada vez que una imagen JPG es modificada o editada sufre una pérdida de calidad en la resolución.

d. No permite almacenar varias imágenes que puedan generar una animación.

7.1.3 Imágenes PNG

Es un formato de archivos de gráficos de mapa de bits, también conocidos como gráficos de red portátiles. Fue desarrollado en el año 1995 como una alternativa gratuita al formato GIF cuando este fue patentada. Actualmente ambas pueden utilizarse libremente.

Las características más importantes son las siguientes:

a. Permite almacenar imágenes en blanco y negro con una profundidad de color de 16 bits por píxel.

b. En color real tiene una profundidad de color de 48 bits por píxel.

c. Trabaja con imágenes indexadas y utiliza una paleta de 256 colores.

d. Soporta la transparencia de canal alfa, es decir, la posibilidad de definir 256 niveles de transparencia, mientras que el formato GIF permite que se defina como transparente solo un color de la paleta.

e. Posee una función de entrelazado que permite mostrar la imagen de forma gradual.

f. La compresión que ofrece este formato es compresión sin pérdida, de un 5 a un 25 % mejor que la compresión GIF.

A continuación, se muestra una comparación entre una imagen JPG y una PNG con transparencia de fondo.

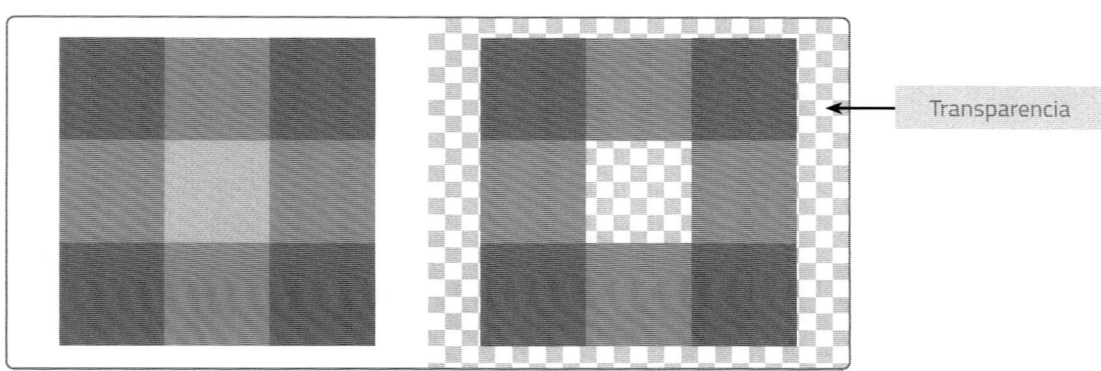

Transparencia

7.2 Agregando imágenes con la etiqueta <img>

Para insertar una imagen dentro de un documento web se debe referenciar del mismo modo que con las etiquetas de enlaces. Es decir, todas las imágenes deben estar registradas en un lugar específico y conocido por el diseñador. Se deben considerar los siguientes aspectos:

a. Se debe tener una carpeta de imágenes en el proyecto web, de lo contrario se debe conocer obligatoriamente dónde está guardada.

b. Se deben conocer las características que tienen los diferentes tipos de imágenes como JPG, GIF y PNG.

c. Las imágenes no deben tener un peso mayor a 2 MB, pues harían que la página web sea muy lenta y, además, llenarían rápidamente el servidor.

Su formato es el siguiente:

```
<img src="ruta de la imagen" alt="título de la imagen"
    height="valor de altura"  width="valor de anchura"
ismap usemap="#nombre del mapa"/>
```

7.2.1 Atributo src

Permite definir la ubicación de la imagen dentro del proyecto web. Se pueden tener las siguientes variaciones:

a. Si la imagen se encuentra dentro de la carpeta imágenes del proyecto web.

```
<img src="imagenes/banner.jpg">
```

b. Si la imagen se encuentra en la carpeta raíz del proyecto web.

```
<img src="banner.jpg">
```

c. Si la imagen se encuentra en una página web externa también llamada hotlinking.

```
<img src="http://www.servidor.com/imagen/banner.jpg">
```

En esta última variación se debe tener en cuenta que dicha actividad no es muy segura, pues se podría modificar la imagen en el servidor de origen, o simplemente borrarla, y se corre el riesgo de que la página presente el siguiente aspecto:

7.2.2 Atributo alt

Permite especificar un nombre alternativo a la imagen. Se usa de la siguiente forma:

```
<img src="imagenes/banner.jpg" alt="banner de empleados">
```

7.2.3 Atributo height y width

Permite definir el alto y ancho de la imagen. Aquí hay que tener en cuenta que la imagen tiene un tamaño original y, si no se especifican el alto y ancho, la imagen se insertará en el documento web con su tamaño de origen. Ante esto se presentan dos posibilidades. La primera es que la imagen no se presente distorsionada, es decir, ni muy alta ni muy ancha. La segunda es que la imagen sea muy grande y ocupe mucho espacio en el documento web.

Antes de especificar el alto y ancho de la imagen se tiene que considerar que mediante las Hojas de Estilo se pueden configurar de la misma forma. La ventaja radica en que no se tendrían que realizar los cambios a todas las imágenes, sino solo modificar los estilos.

A. Forma de uso

```
<img src="imagenes/banner.jpg" height="150px" width="250px">
```

B. Análogo en script CSS

```css
img {
    width:250px;
    height:150px;
}
```

C. Ejemplo

Implemente el siguiente diseño usando la etiqueta <img>. El control del tamaño de la imagen se debe realizar en el archivo estilo.css.

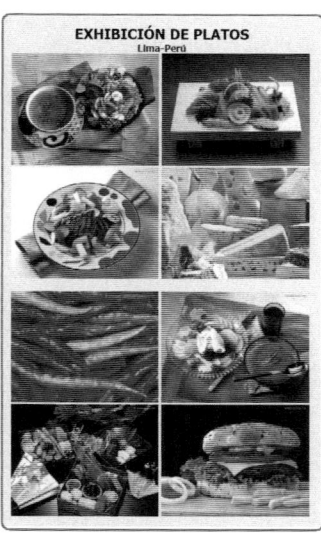

estilo.css

```css
section{
    font-family:"Tahoma";
    width: 510px;
    background-color: beige;
    padding: 15px;
}

h1{
    position: static;
    text-align: center;
    border: #663366 10px;
    margin: 0px;
    color:#000;
}
h4 {
    position:static;
    text-align:center;
    border: #663366 5px;
    color:#000;
    margin: 0px;
}
img {
    position:static;
    width: 250px;
    height:194px;
}
```

index.html

```html
<!DOCTYPE html>
<html>
    <head>
        <link href="estilo.css" rel="stylesheet" type="text/css"/>
        <title>TODO supply a title</title>
        <meta charset="UTF-8">
        <meta name="viewport" content="width=device-width, initial-scale=1.0">
    </head>
    <body>
        <section>
            <h1>EXHIBICIÓN DE PLATOS</h1>
            <h4>Lima-Perú</h4>
            <img src="img/imagen1.jpg"/>
            <img src="img/imagen2.jpg"/>
            <img src="img/imagen3.jpg"/>
```

```
        <img src="img/imagen4.jpg"/>
        <br><br>
        <img src="img/imagen5.jpg"/>
        <img src="img/imagen6.jpg"/>
        <img src="img/imagen7.jpg"/>
        <img src="img/imagen8.jpg"/>
    </section>
  </body>
</html>
```

7.3 Usando imágenes como enlaces

Muchas veces será necesario recurrir al empleo de imágenes, como los enlaces; es decir, acceder a cualquier enlace mediante una imagen. Por ejemplo, en un menú de opciones con una serie de botones con imágenes.

Hasta ahora se ha visto que los enlaces se realizan mediante un texto descriptivo, pero esta vez se colocará el script para la inserción de imágenes dentro de la etiqueta <a>.

A. Formato

```
<a href="url">
    <img src="dirección de la imagen"/>
</a>
```

B. Ejemplo

Implemente el siguiente diseño usando la etiqueta <img> y haciendo que las imágenes referencien a una página web externa.

estilo.css

```
body{
    padding:5px;
    margin:10px;
    font-family: Tahoma;
    font-size: 13px;
}
#enlace1 {
    position: absolute;
    padding: 15px;
    color:#000;
    top: 10px;
```

```
    left: 80px;
}
#enlace2 {
    position: absolute;
    padding: 15px;
    color:#000;
    top: 10px;
    left: 320px;
}
```

index.html

```html
<!DOCTYPE html>
<html>
    <head>
        <meta http-equiv="content-type" content="text/html; charset=UTF-8">
        <link href="style.css" rel="stylesheet" type="text/css">
    </head>
    <body>
    <section>
        <a href="http://www.google.com.pe">
        <p id="enlace1"> Ir a Google</p>
            <img src="images/b2.jpg" >
        </a>
        <a href="http://www.facebook.com">
            <p id="enlace2"> Ir a Facebook</p>
            <img src="images/b3.jpg">
        </a><br>

    </section>
</body>
</html>
```

7.4 Agregando vídeos de YouTube

Hoy en día, YouTube es el sitio de hospedaje de vídeos más popular del planeta. Por lo tanto, se debe conocer cómo insertar un vídeo dentro de un documento web por medio de un enlace desde la página web cliente hacia YouTube. Este último ofrece un código que puede ser pegado en el documento web.

HTML5 y YouTube están asociados perfectamente para esta actividad, que también es llamada código embebido. YouTube ha llegado hasta donde está gracias a la portabilidad que ofrece sobre sus vídeos. Estos pueden ser insertados en blogs, foros y, lógicamente, en las páginas web que usted desarrolle.

Figura 1. YouTube

Fuente: https://www.applesfera.com/tutoriales/como-descargar-videos-youtube-iphone-ipad-directamente-necesitar-ordenador

A. Cómo se insertan los parámetros de YouTube

Antes de enlazar un vídeo se debe obtener el código embebido desde el portal de YouTube. Para esto, se deben seguir los siguientes pasos:

1. Acceda al portal YouTube desde la siguiente URL: **http://www.youtube.com**

2. Busque el vídeo de su preferencia y ejecútelo. Para este caso, pegue el vídeo de la canción *Please Mr. Postman.*

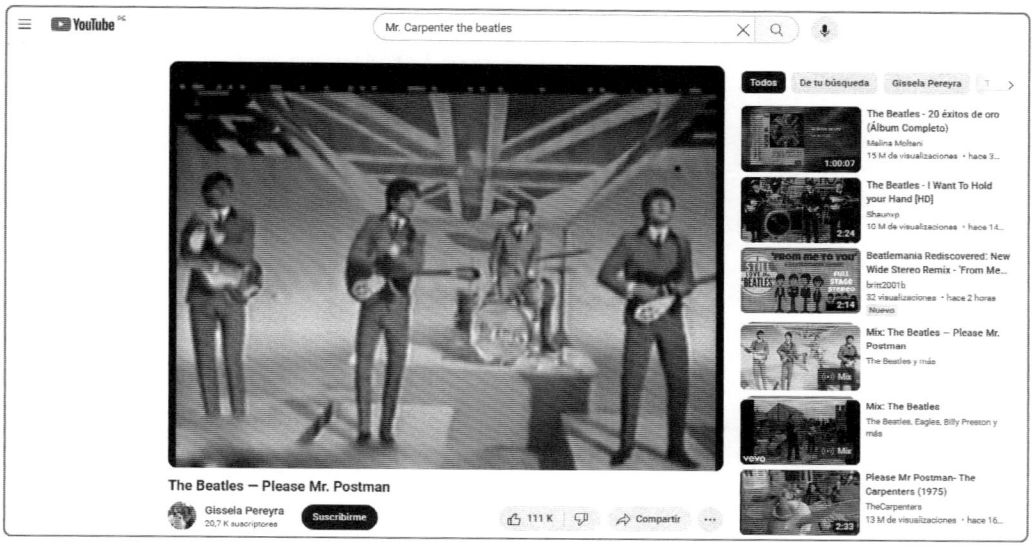

Figura 2. Vídeo en YouTube

3. Seleccione la opción **Compartir > Insertar**.

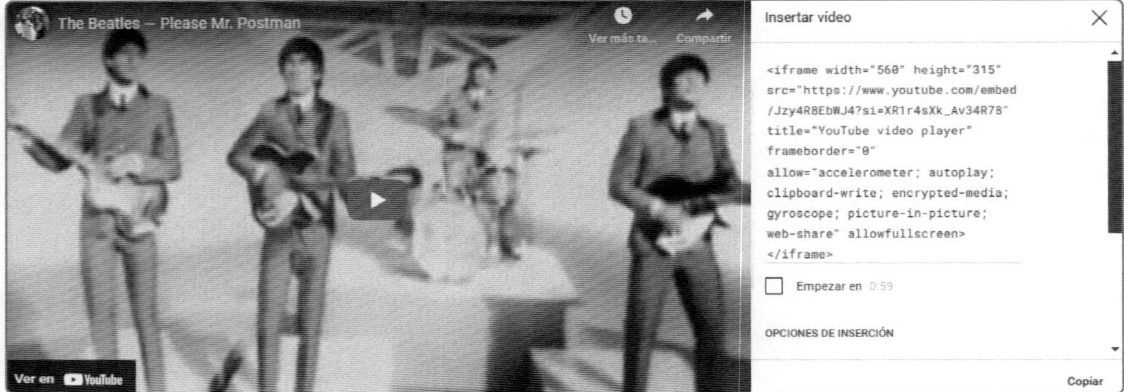

4. Se muestra el código embebido que permitirá mostrar el vídeo directamente en nuestro documento web. Presione la opción **Copy**.

5. Analice el código resultante:

```
<iframe
 width="560"
 height="315"
 src="https://www.youtube.com/embed/Jzy4R8EbWJ4?si=XR1r4sXk_Av34R78"
 frameborder="0"
 allowfullscreen>
</iframe>
```

Donde:

- **Width:** define el ancho del vídeo dentro del documento web.

- **Height:** define la altura del vídeo dentro del documento web.

- **SRC:** define la URL del vídeo proveniente de YouTube.

- **Frameborder:** define un borde al marco generado por el código embebido.

- **Allowfullscreen:** habilita que se pueda maximizar el vídeo desde el documento web.

B. Ejemplo

Implemente el siguiente diseño web haciendo uso del código embebido que permite visualizar vídeos desde YouTube.

estilo.css

```css
#columna
{
    position:relative;
    float:left;
    left:0px;
    width: 350px;
    border-style:solid;
    border-color:#666;
    top:0px;
    text-align:center;
    font-family:Tahoma, Geneva, sans-serif;
}
```

index.html

```html
<!DOCTYPE html>
<html>
    <head>
        <meta charset="UTF-8">
        <link href="css/estilo.css" rel="stylesheet" type="text/css"/>
        <meta name="viewport" content="width=device-width, initial-scale=1.0">
    </head>
    <body>
        <article id="columna">
            <p>Video 01 - Jealous guy</p>
              <iframe width="300" height="270" src="https://www.youtube.com/embed/wADRRYNHhOA"
                    frameborder="0" allowfullscreen>
              </iframe>
        </article>
        <aside id="columna">
```

```
        <p>Video 02 - My sweet lord</p>
        <iframe width="300" height="270" src="https://www.youtube.com/embed/8q-
JTJNfzvr8"
                frameborder="0" allowfullscreen>
        </iframe>
    </aside>
    <aside id="columna">
        <p>Video 03 - Say say say</p>
        <iframe width="300" height="270"
                src="https://www.youtube.com/embed/aLEhh_XpJ-0"
                frameborder="0" allowfullscreen>
        </iframe>
    </aside>
</body>
</html>
```

Capítulo 8

Gestión de tablas para la web

8.1 Introducción a las tablas web

Antes de la aparición de HTML5, las tablas eran usadas para maquetar una página web. Es decir, se planificaba cómo se iban a distribuir todos los elementos de la página. Hoy en día, ese concepto es considerado anticuado debido a la incorporación del código CSS en los documentos web.

En HTML5 las tablas se comportan según su objetivo inicial: mostrar información textual, numérica o de imágenes en forma tabulada o, mejor dicho, maquetada. Como se podrá notar, en esta tabla se combinan los textos, los números, las imágenes y, especialmente, los colores que se pueden aplicar en la misma. En la siguiente imagen se observa una tabla implementada para mostrar los artículos y sus detalles:

Figura 1. Gestión de tablas web para venta de artículos

Para este caso, el objetivo de las tablas es lograr implementar un formulario, el cual será desarrollado en los capítulos posteriores.

8.2 Elementos básicos y atributos de una tabla

Para listar los elementos básicos de una tabla se mostrará la siguiente implementación básica.

Donde:

- **Tabla:** se refiere a todo el conjunto y se implementa mediante la etiqueta <table>.

- **Fila:** se refiere a las filas que componen la tabla y se implementa con la etiqueta <tr>.

- **Celda:** se refiere a las celdas que contendrá cada fila que compone la tabla y se implementa con la etiqueta <td>.

El código HTML5 para la implementación de la tabla anterior es el siguiente:

```
<table>
  <tr>
    <td> </td>
    <td> </td>
    <td> </td>
  </tr>
  <tr>
    <td> </td>
    <td> </td>
    <td> </td>
  </tr>
  <tr>
    <td> </td>
    <td> </td>
    <td> </td>
  </tr>
</table>
```

8.3 Etiqueta <table>

La etiqueta <table> es un contenedor de los elementos propios de la tabla, como una fila, una celda y también textos, imágenes, etc. Una tabla se puede implementar dentro de las etiquetas de grupos de HTML5, como, por ejemplo, <section>, <article>, etc.

A. Formato

```
<table>
    <!-- contenido de la tabla -->
</table>
```

B. Ejemplo

Implemente el siguiente documento web haciendo uso de las tablas:

estilo.css

```
table {
    margin-right:auto;
    margin-left:auto;
    border-spacing: 0px;
}

td{
    padding: 0px;
    margin: 0px;
}

img{
    width: 350px;
```

```
        height: 200px;
}

/*Efecto de Texto*/
@import url(https://fonts.googleapis.com/css?family=Erica+One);
/* BODY */
body {
    background-color: pink;
    background-attachment: fixed;
    background-size: 100% 100%;
    overflow: hidden;
}
::selection {
    background: transparent;
}

h1 {
    cursor: default;
    position: absolute;
    top: 10px;
    left: 0;
    right: 0;
    bottom: 0;
    height: 100px;
    margin: auto;
    display: block;

    -webkit-animation: bounce .3s ease infinite alternate;

    font-family: 'Erica One', cursive;
    font-size: 80px;
    color: #FFF;
    text-align: center;
    line-height: 100px;
    text-shadow: 0 1px 0 #CCC,
        0 2px 0 #CCC,
        0 3px 0 #CCC,
        0 4px 0 #CCC,
        0 5px 0 #CCC,
        0 6px 0 transparent,
        0 7px 0 transparent,
        0 8px 0 transparent,
        0 9px 0 transparent,
        0 10px 10px rgba(0, 0, 0, .6);
}
```

```
/* ANIMATION */
@-webkit-keyframes bounce {
    100% {
        top: -30px;

        text-shadow: 0 1px 0 #CCC,
            0 2px 0 #CCC,
            0 3px 0 #CCC,
            0 4px 0 #CCC,
            0 5px 0 #CCC,
            0 6px 0 #CCC,
            0 7px 0 #CCC,
            0 8px 0 #CCC,
            0 9px 0 #CCC,
            0 30px 30px rgba(0, 0, 0, .3);
    }
}
```

index.html

```html
<!DOCTYPE html>
<html>
    <head>
        <link href="css/estilo.css" rel="stylesheet" type="text/css"/>
        <meta charset="UTF-8">
        <meta name="viewport" content="width=device-width, initial-scale=1.0">
    </head>
    <body>
        <section>
            <h1>Diseños de Arquitectura</h1>
            <table>
                <tr>
                    <td>
                        <img src="img/Arquitectura41.jpg" alt=""/>
                    </td>
                    <td>
                        <img src="img/Arquitectura11.jpg" alt=""/>
                    </td>

                </tr>
                <tr>
                    <td>
                        <img src="img/Arquitectura12.jpg" alt=""/>
                    </td>
                    <td>
```

```
                        <img src="img/Arquitectura16.jpg" alt=""/>
                </td>
            </tr>
            <tr>
                <td>
                    <img src="img/Arquitectura27.jpg" alt=""/>
                </td>
                <td>
                    <img src="img/Arquitectura7.jpg" alt=""/>
                </td>
            </tr>
            <tr>
                <td>
                    <img src="img/Arquitectura22.jpg" alt=""/>
                </td>
                <td>
                    <img src="img/Arquitectura23.jpg" alt=""/>
                </td>
            </tr>
        </table>
    </section>
  </body>
</html>
```

8.3.1 Atributo border

Su función es establecer el ancho del borde externo que compone la tabla. El valor es especificado en píxeles.

a. El siguiente ejemplo asigna un grosor de borde de 1 px:

```
<table border=1>
…
</table>
```

b. Implemente el siguiente modelo de tabla especificando un grosor de borde a 1 px.

TIPO DE AUTO / DÍAS	LUNES-JUEVES	VIERNES	SÁBADO	DOMINGO
Automóvil	3.50	4.00	4.50	3.50
Camioneta	5.50	6.00	6.50	5.50
Ómnibus	10.50	11.00	11.50	10.50
Motos	2.50	3.00	3.50	2.50

estilo.css

```
table {
    font-family: Tahoma;
    text-align: right;
}

table, tr, th, td {
    border: 1px solid #333;
    line-height: 130px;
}

th {
    background-color: #F5F5F5;
    padding: 0 .2em;
}

td {
    padding: 0 .3em;
}

th.automovil {
    background: #E6F3FF url(.../img/automovil.png) no-repeat left center;
    padding: 0 .3sem 0 10.2em;
}
```

```css
th.camioneta {
    background: #E6F3FF url(.../img/camioneta.png) no-repeat left center;
    padding: 0 .3em 0 10.2em;
}

th.omnibus {
    background: #E6F3FF url(.../img/omnibus.png) no-repeat left center;
    padding: 0 .3em 0 10.2em;
}

th.moto {
    background: #E6F3FF url(.../img/moto.png) no-repeat left center;
    padding: 0 .3em 0 10.2em;
}

tr:nth-child(n+1) td {
    text-align: right;
}

tr:nth-child(2n) {
    background-color: #FFFFCC;
}

tr:hover {
    background: #FFFF66;
}
```

index.html

```html
<!DOCTYPE html>
<html>
  <head>
    <link href="css/estilo.css" rel="stylesheet" type="text/css"/>
    <meta charset="UTF-8">
    <meta name="viewport" content="width=device-width, initial-scale=1.0">
  </head>
  <body>
        <table>
            <tr>
                <th>TIPO DE AUTO / DÍAS</th>
                <th>LUNES-JUEVES</th>
                <th>VIERNES</th>
                <th>SÁBADO</th>
                <th>DOMINGO</th>
```

```
        </tr>
        <tr>
            <th class="automovil">Automóvil</th>
            <td>3.50</td>
            <td>4.00</td>
            <td>4.50</td>
            <td>3.50</td>
        </tr>
        <tr>
            <th class="camioneta">Camioneta</th>
            <td>5.50</td>
            <td>6.00</td>
            <td>6.50</td>
            <td>5.50</td>
        </tr>
        <tr>
            <th class="omnibus">Ómnibus</th>
            <td>10.50</td>
            <td>11.00</td>
            <td>11.50</td>
            <td>10.50</td>
        </tr>
        <tr>
            <th class="moto">Motos</th>
            <td>2.50</td>
            <td>3.00</td>
            <td>3.50</td>
            <td>2.50</td>
        </tr>
    </table>
  </body>
</html>
```

c. Implemente el siguiente modelo de tabla haciendo que el borde de la línea no muestre la doble línea.

TIPO DE AUTO / DÍAS	LUNES-JUEVES	VIERNES	SÁBADO	DOMINGO
Automóvil	3.50	4.00	4.50	3.50
Camioneta	5.50	6.00	6.50	5.50
Ómnibus	10.50	11.00	11.50	10.50
Motos	2.50	3.00	3.50	2.50

estilo.css

```css
table {
    font-family: Tahoma;
    text-align: right;
}

table, tr, th, td {
    border: 1px solid #333;
    line-height: 130px;
    border-spacing: 0;
}

th {
    background-color: #F5F5F5;
    padding: 0 .2em;
}

td {
    padding: 0 .3em;
}

th.automovil {
    background: #E6F3FF url(.../img/automovil.png) no-repeat left center;
    padding: 0 .3sem 0 10.2em;
```

```
}

th.camioneta {
    background: #E6F3FF url(.../img/camioneta.png) no-repeat left center;
    padding: 0 .3em 0 10.2em;
}

th.omnibus {
    background: #E6F3FF url(.../img/omnibus.png) no-repeat left center;
    padding: 0 .3em 0 10.2em;
}

th.moto {
    background: #E6F3FF url(.../img/moto.png) no-repeat left center;
    padding: 0 .3em 0 10.2em;
}

tr:nth-child(n+1) td {
    text-align: right;
}

tr:nth-child(2n) {
    background-color: #FFFFCC;
}

tr:hover {
    background: #FFFF66;
}
```

8.3.2 Atributo bordercolor

Este atributo establece todos los bordes que componen el color de la tabla.

a. El siguiente ejemplo asigna un color de borde rojo:

```
<table border=1 bordercolor="#FF0000">
…
</table>
```

b. Implemente el siguiente diseño de tabla usando el colo rojo para el borde y el estilo cebra para las filas.

Libro	País	Nº Páginas	Costo
Programación Visual C#	Perú	480	65.00
HTML5 y CSS3	Perú	300	$46.00
VBA con Excel	Perú	350	$40.00
Programación PHP	Perú	450	$50.00

estilo.css

```css
body{
    font-family: Tahoma;
}

table{
    border: 1px solid;
    border-color: red;
    padding: 5px;
}

/*Definir el color cada dos filas*/
table tr:nth-child(even) {
    background-color: #eee;
}

table tr:nth-child(odd) {
    background-color: #fff;
}
```

index.html

```html
<!DOCTYPE html>
<html>
    <head>
     <meta charset="UTF-8">
     <link href="css/estilo.css" rel="stylesheet" type="text/css"/>
     <meta name="viewport" content="width=device-width, initial-scale=1.0">
    </head>
    <body>
        <table>
            <tr>
                <th>Libro</th>
                <th>País</th>
                <th>Nº Páginas</th>
                <th>Costo</th>
            </tr>
            <tr>
                <td>Programación Visual C#</td>
                <td>Perú</td>
                <td>480</td>
                <td>65.00</td>
            </tr>
            <tr>
                <td>HTML5 y CSS3</td>
```

```
                <td>Perú</td>
                <td>300</td>
                <td>$46.00</td>
            </tr>
            <tr>
                <td>VBA con Excel</td>
                <td>Perú</td>
                <td>350</td>
                <td>$40.00</td>
            </tr>
            <tr>
                <td>Programación PHP</td>
                <td>Perú</td>
                <td>450</td>
                <td>$50.00</td>
            </tr>
        </table>
    </body>
</html>
```

8.3.3 Atributo cellspacing

Su tarea es establecer el espaciado que pueda tener la celda siempre especificado en píxeles. El valor por defecto es dos.

a. El siguiente ejemplo asigna 20 px de espacio en la celda.

```
<table border=1 cellspacing=20px>
…
</table>
```

b. Implemente el siguiente modelo de tabla, en el que se especifique 20 px de espacio entre las celdas. Además, la tabla debe mostrarse centrada en la página web.

estilo.css

```css
img{
    width: 148px;
    height: 189px;
}

table{
    margin-left: auto;
    margin-right: auto;
    border: 1px solid;
    border-spacing: 20px;
}

td{
    border: 1px dashed;
    border-color: red;
}
```

index.html

```
<!DOCTYPE html>
<html>
    <head>
        <meta charset="UTF-8">
        <link href="css/estilo.css" rel="stylesheet" type="text/css"/>
        <meta name="viewport" content="width=device-width, initial-scale=1.0">
    </head>
    <body>
        <table>
            <tr>
                <td>
                    <img src="img/8448128168.jpg" alt=""/>
                </td>
                <td>
                    <img src="img/8448128761.jpg" alt=""/>
                </td>
                <td>
                    <img src="img/8448129059.jpg" alt=""/>
                </td>
                <td>
                    <img src="img/8448130332.jpg" alt=""/>
                </td>
            </tr>
            <tr>
                <td>
                    <img src="img/8448130723.jpg" alt=""/>
                </td>
                <td>
                    <img src="img/8448131126.jpg" alt=""/>
                </td>
                <td>
                    <img src="img/8448131355.jpg" alt=""/>
                </td>
                <td>
                    <img src="img/8448131541.jpg" alt=""/>
                </td>
            </tr>
            <tr>
                <td>
                    <img src="img/8448131835.jpg" alt=""/>
                </td>
                <td>
                    <img src="img/8448131878.jpg" alt=""/>
                </td>
```

```
                    <td>
                        <img src="img/8448132203.jpg" alt=""/>
                    </td>
                    <td>
                        <img src="img/8448132513.jpg" alt=""/>
                    </td>
                </tr>
                <tr>
                    <td>
                        <img src="img/9584102206.jpg" alt=""/>
                    </td>
                    <td>
                        <img src="img/9701015924.jpg" alt=""/>
                    </td>
                    <td>
                        <img src="img/9701019334.jpg" alt=""/>
                    </td>
                    <td>
                        <img src="img/9701019335.jpg" alt=""/>
                    </td>
                </tr>
            </table>
        </body>
</html>
```

Como se visualiza en el siguiente cuadro, cada imagen mostrada tienen una distribución de 20 px por cada lado con respecto a la otra imagen.

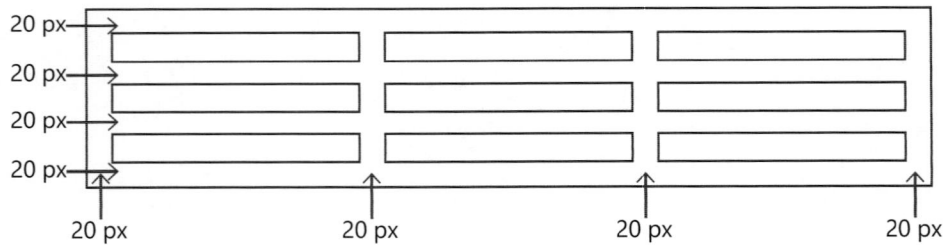

Si se anula el espacio entre las imágenes tendría el siguiente aspecto:

Para conseguir esto, se debe modificar el archivo estilo.css de la siguiente manera:

```css
img{
    width: 148px;
    height: 189px;
}

table{
    margin-left: auto;
    margin-right: auto;
    border: 1px solid;
    border-spacing: 0px;
}

td{
    border: 1px dashed;
    border-color: red;
}
```

8.3.4 Atributo cellpadding

Este atributo establece el espaciado que puede tener el borde de la celda con su contenido. Dicho valor es especificado en píxeles.

a. El siguiente ejemplo asigna un espacio interno de 20 px:

```
<table border=1 cellpadding=20px>
...
</table>
```

b. Implemente el siguiente modelo de tabla haciendo uso del atributo cellPadding con un valor de 20 px.

estilo.css

```
img{
    width: 148px;
    height: 189px;
}

table{
    margin-left: auto;
    margin-right: auto;
    border: 1px solid;
    border-spacing: 0px;
}

td{
    border: 1px dashed;
    border-color: red;
    padding: 20px;
}
```

index.html

```
<!DOCTYPE html>
<html>
    <head>
     <link href="css/estilo.css" rel="stylesheet" type="text/css"/>
     <meta charset="UTF-8">
     <meta name="viewport" content="width=device-width, initial-scale=1.0">
    </head>
    <body>
        <table>
            <tr>
                <td>
```

```
            <img src="img/8448128168.jpg" alt=""/>
        </td>
        <td>
            <img src="img/8448128761.jpg" alt=""/>
        </td>
        <td>
            <img src="img/8448129059.jpg" alt=""/>
        </td>
        <td>
            <img src="img/8448130332.jpg" alt=""/>
        </td>
    </tr>
    <tr>
        <td>
            <img src="img/8448130723.jpg" alt=""/>
        </td>
        <td>
            <img src="img/8448131126.jpg" alt=""/>
        </td>
        <td>
            <img src="img/8448131355.jpg" alt=""/>
        </td>
        <td>
            <img src="img/8448131541.jpg" alt=""/>
        </td>
    </tr>
    <tr>
        <td>
            <img src="img/8448131835.jpg" alt=""/>
        </td>
        <td>
            <img src="img/8448131878.jpg" alt=""/>
        </td>
        <td>
            <img src="img/8448132203.jpg" alt=""/>
        </td>
        <td>
            <img src="img/8448132513.jpg" alt=""/>
        </td>
    </tr>
    <tr>
        <td>
            <img src="img/9584102206.jpg" alt=""/>
        </td>
        <td>
```

```
                            <img src="img/9701015924.jpg" alt=""/>
                    </td>
                    <td>
                            <img src="img/9701019334.jpg" alt=""/>
                    </td>
                    <td>
                            <img src="img/9701019335.jpg" alt=""/>
                    </td>
                </tr>
            </table>
        </body>
</html>
```

Como se observa en el siguiente cuadro, las imágenes mostradas tienen una especificación de espacio interno de 20 px por cada lado con respecto a la otra imagen.

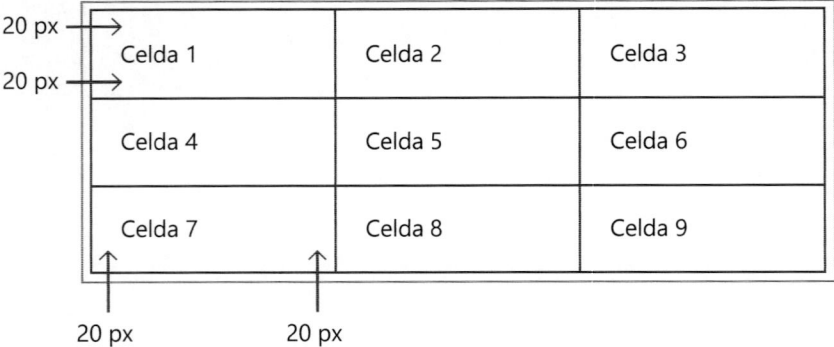

8.3.5 Atributo align

Establece la alineación izquierda, derecha y central de la tabla.

a. El siguiente ejemplo centra la tabla en el documento web:

```
<table border=1 align="center">
…
</table>
```

b. Implemente el siguiente modelo de tabla usando el atributo align para centrar la tabla en el documento web.

estilo.css

```css
body{
    font-family: Tahoma;
}

table{
    width: 650px;
    border: 2px solid;
    text-align: center;
    padding: 10px;
    background-color: beige;
}

td{
    border: 1px solid;
    background-color: bisque;
}

th {
    background-color: beige;
}
```

index.html

```html
<!DOCTYPE html>
<html>
    <head>
    <link href="css/estilo.css" rel="stylesheet" type="text/css"/>
    <meta charset="UTF-8">
    <meta name="viewport" content="width=device-width, initial-scale=1.0">
    </head>
    <body>
        <table align="center">
            <tr>
                <th>,CATEGORÍA\INVERSIÓN</th>
                <th><img src="img/mineria.jpg" alt=""/><br>
                    MINERÍA</th>
                <th><img src="img/construccion.jpg" alt=""/><br>
                    CONSTRUCCIÓN</th>
                <th><img src="img/comercio.jpg" alt=""/><br>
                    COMERCIO</th>
            </tr>
            <tr>
                <td>MICRO-EMPRESA</td>
                <td>250000.00</td>
```

```
            <td>238500.00</td>
            <td>544521.00</td>
        </tr>
        <tr>
            <td>PEQUEÑA EMPRESA</td>
            <td>120512.00</td>
            <td>126458.00</td>
            <td>823412.00</td>
        </tr>
        <tr>
            <td>MEDIANA EMPRESA</td>
            <td>575441.00</td>
            <td>458572.00</td>
            <td>234424.00</td>
        </tr>
        <tr>
            <td>EMPRESA</td>
            <td>425624.00</td>
            <td>426852.00</td>
            <td>456221.00</td>
        </tr>
    </table>
  </body>
</html>
```

En HTML5 no se recomienda centrar por medio de este atributo, ya que se implementa mediante el código CSS. Su código podría ser de la siguiente manera:

```
table{
  margin-left: auto;
  margin-right: auto;
}
```

8.3.6 Atributo bgcolor

Permite establecer un color de fondo a la tabla. No es recomendable el uso de esta propiedad para HTML5, ya que se puede implementar el mismo atributo por medio del código CSS.

a. El siguiente ejemplo asigna el color rojo al fondo de la tabla:

```
<table width="350" border="1" cellspacing="20" bgcolor="#ff0000">
  <tr>
    <td> </td> <td> </td> <td> </td>
  </tr>
  <tr>
    <td> </td> <td> </td> <td> </td>
```

```
  </tr>
  <tr>
    <td> </td> <td> </td>  <td> </td>
  </tr>
</table>
```

b. Implemente el siguiente modelo de tabla haciendo uso del color de fondo de la tabla.

	Oro	Plata	Bronce	Cobre
Número de Computadoras	Ilimitado	100	20	4
HelpDesk	Ilimitado	10 por día	1 por día	No
Renovación	$ 0.00	$ 50.00	$ 150.00	$ 450.00
Responsive Móvil	Sí	Sí	No	No
CORREO CORPORATIVO	✔	✔	✔	✔
ANTIVIRUS	✔	✔	✔	✔
Precio Anual por Licencia	$ 1500.00	$ 1000.00	$ 850.00	$ 250.00

estilo.css

```css
table.table1{
    font-family: "Tahoma";
    font-size: 16px;
}

.table1 thead th{
    padding:15px;
    color:#fff;
    text-shadow:1px 1px 1px #568F23;
    border:1px solid #93CE37;
    background-color:#9DD929;
    background:-webkit-gradient(
        linear,
        left bottom,
        left top,
        color-stop(0.02, rgb(123,192,67)),
        color-stop(0.51, rgb(139,198,66)),
        color-stop(0.87, rgb(158,217,41))
        );
    -webkit-border-top-left-radius:5px;
    -webkit-border-top-right-radius:5px;
    -moz-border-radius:5px 5px 0px 0px;
```

```css
}

.table1 thead th:empty{
    background:transparent;
    border:none;
}

.table1 tfoot td{
    color: #9CD009;
    font-size:32px;
    text-align:center;
    padding:10px 0px;
    text-shadow:1px 1px 1px #444;
}

.table1 tbody td{
    padding:10px;
    text-align:center;
    background-color:#DEF3CA;
    -moz-border-radius:2px;
    -webkit-border-radius:2px;
    border-radius:5px;
}
.table1 tbody span.check::before{
    content : url(.../img/check.png);
}

#derecha{
    text-align: right;
}
```

index.html

```html
<!DOCTYPE html>
<html>
    <head>
        <link href="css/estilo.css" rel="stylesheet" type="text/css"/>
        <meta charset="UTF-8">
        <meta name="viewport" content="width=device-width, initial-scale=1.0">
    </head>
    <body>
        <table class="table1">
            <thead>
                <tr>
                    <th></th>
                    <th>Oro</th>
```

```
                    <th>Plata</th>
                    <th>Bronce</th>
                    <th>Cobre</th>
            </tr>
    </thead>
    <tfoot>
        <tr>
                <th>Precio Anual por Licencia</th>
                <td>$ 1500.00</td>
                <td>$ 1000.00</td>
                <td>$ 850.00</td>
                <td>$ 250.00</td>
        </tr>
    </tfoot>
    <tbody>
        <tr>
                <th id="derecha">Número de Computadoras</th>
                <td>Ilimitado</td>
                <td>100</td>
                <td>20</td>
                <td>4</td>
        </tr>
        <tr>
                <th id="derecha">HelpDesk</th>
                <td>Ilimitado</td>
                <td>10 por día</td>
                <td>1 por día</td>
                <td>No</td>
        </tr>
        <tr>
                <th id="derecha">Renovación</th>
                <td>$ 0.00</td>
                <td>$ 50.00</td>
                <td>$ 150.00</td>
                <td>$ 450.00</td>
        </tr>
        <tr>
                <th id="derecha">Responsive Móvil</th>
                <td>Si</td>
                <td>Si</td>
                <td>No</td>
                <td>No</td>
        </tr>
        <tr>
                <th id="derecha">CORREO CORPORATIVO</th>
                <td><span class="check"></span></td>
```

```
                    <td><span class="check"></span></td>
                    <td><span class="check"></span></td>
                    <td><span class="check"></span></td>
                </tr>
                <tr>
                    <th id="derecha">ANTIVIRUS</th>
                    <td><span class="check"></span></td>
                    <td><span class="check"></span></td>
                    <td><span class="check"></span></td>
                    <td><span class="check"></span></td>
                </tr>
            </tbody>
        </table>
    </body>
</html>
```

8.4 Etiqueta <tr>

La etiqueta <tr> permite implementar filas que componen a una tabla. <tr> puede ser hijo de los siguientes elementos: <table>, <thead>, <tfoot> y <tbody>. Por regla general <tr> debe contener uno o más elementos <td>, los cuales forman la columna dentro de la tabla.

A. Formato

```
<table>
<tr>
        <!-- contenido de la celda -->
</tr>
</table>
```

B. Principales parámetros

a. Atributo bgColor

Establece el color de fondo de la fila completa. Se debe tener en cuenta que dicho atributo ha quedado obsoleto para HTML5 por manejar dicha implementación mediante el código CSS.

Por ejemplo:

Implemente el siguiente modelo de tabla usando ese color de fondo para la etiqueta <tr>:

	ORO	PLATA	BRONCE	COBRE
Número de Computadoras	Ilimitado	100	20	4
HelpDesk	Ilimitado	10 por día	1 por día	No
Renovación	$ 0.00	$ 50.00	$ 150.00	$ 450.00
Responsive Móvil	Sí	Sí	No	No
Precio Anual por Licencia	$ 1500.00	$ 1000.00	$ 850.00	$ 250.00

estilo.css

```css
body{
    margin: 0;
    font-family: "Tahoma";
    font-size: 18px;
    padding: 10px;
    background: #ccc;
    text-align: center;
    font-family: arial; }

table {
    margin: auto;
    width: 890px;
    text-align: left;
    background: white;
    border: 1px solid silver;
}

table td{
    padding: 8px;
}

tr:nth-child(2n+1) {
    background-color: beige;
    color:red;
}
```

index.html

```html
<!DOCTYPE html>
<html>
    <head>
        <link href="css/estilo.css" rel="stylesheet" type="text/css"/>
        <meta charset="UTF-8">
        <meta name="viewport" content="width=device-width, initial-scale=1.0">
    </head>
    <body>
        <table class="table1">
            <thead>
                <tr>
                    <th></th>
                    <th>ORO</th>
                    <th>PLATA</th>
                    <th>BRONCE</th>
                    <th>COBRE</th>
```

```
            </tr>
        </thead>
        <tfoot>
            <tr>
                <th>Precio Anual por Licencia</th>
                <td>$ 1500.00</td>
                <td>$ 1000.00</td>
                <td>$ 850.00</td>
                <td>$ 250.00</td>
            </tr>
        </tfoot>
        <tbody>
            <tr>
                <th id="derecha">Número de Computadoras</th>
                <td>Ilimitado</td>
                <td>100</td>
                <td>20</td>
                <td>4</td>
            </tr>
            <tr>
                <th id="derecha">HelpDesk</th>
                <td>Ilimitado</td>
                <td>10 por día</td>
                <td>1 por día</td>
                <td>No</td>
            </tr>
            <tr>
                <th id="derecha">Renovación</th>
                <td>$ 0.00</td>
                <td>$ 50.00</td>
                <td>$ 150.00</td>
                <td>$ 450.00</td>
            </tr>
            <tr>
                <th id="derecha">Responsive Móvil</th>
                <td>Sí</td>
                <td>Sí</td>
                <td>No</td>
                <td>No</td>
            </tr>
        </tbody>
    </table>
  </body>
</html>
```

b. Atributo align

Establece la alineacion de los valores contenidos en toda la fila de la tabla. Se debe tener en cuenta que dicho atributo ha quedado obsoleto para HTML5 por manejar dicha implementación mediante el código CSS.

Por ejemplo:

Implemente el siguiente modelo de tabla haciendo uso de la alineación derecha en la etiqueta <tr>:

	CHROME	FIREFOX	INTERNET
CORPORATIVO	$ 500.00	$ 400.00	$ 600.00
PERSONAL	$ 50.00	$ 25.00	$ 15.00
EDUCATIVO	$ 5.00	$ 2.00	$ 1.00
COMUNIDAD	$ 0.00	$ 0.00	$ 0.00

estilo.css

```css
body{
    margin: 0;
    font-size: 18px;
    padding: 10px;
    background: #ccc;
    font-family: "Tahoma";
    font-size: 16px;
}

.table1 {
    width: 750px;
}

.table1 tr td{
    padding:15px;
    color:#fff;
    text-shadow:1px 1px 1px #568F23;
    border:1px solid #93CE37;
    background:-webkit-gradient(
        linear,
        left bottom,
        left top,
        color-stop(0.02, rgb(0,92,255)),
        color-stop(0.51, rgb(0,98,255)),
        color-stop(0.87, rgb(0,17,255))
```

```
        );
    -webkit-border-top-left-radius:5px;
    -webkit-border-top-right-radius:5px;
    -moz-border-radius:5px 5px 0px 0px;
}


#centro{
    text-align: center;
}
```

index.html

```
<!DOCTYPE html>
<html>
    <head>
        <link href="css/estilo.css" rel="stylesheet" type="text/css"/>
        <meta charset="UTF-8">
        <meta name="viewport" content="width=device-width, initial-scale=1.0">
    </head>
    <body>
        <table class="table1">
            <tr id="centro">
                <td> </td>
                <td>CHROME</td>
                <td>FIREFOX</td>
                <td>INTERNET</td>
            </tr>
            <tr align="right">
                <td>CORPORATIVO</td>
                <td>$ 500.00</td>
                <td>$ 400.00</td>
                <td>$ 600.00</td>
            </tr>
            <tr align="right">
                <td>PERSONAL</td>
                <td>$ 50.00</td>
                <td>$ 25.00</td>
                <td>$ 15.00</td>
            </tr>
            <tr align="right">
                <td>EDUCATIVO</td>
                <td>$ 5.00</td>
                <td>$ 2.00</td>
                <td>$ 1.00</td>
            </tr>
            <tr align="right">
```

```
                <td>COMUNIDAD</td>
                <td>$ 0.00</td>
                <td>$ 0.00</td>
                <td>$ 0.00</td>
            </tr>
        </table>
    </body>
</html>
```

8.5 Etiqueta <td> y <th>

La etiqueta <td> permite definir las columnas dentro de las filas implementadas de la tabla. Entre los atributos más importantes están bgColor y Align.

Por regla general, la etiqueta <td> debe estar contenida dentro de las etiquetas <tr> para formar una tabla. Esto se debe a que cada <td> forma la columna de la tabla.

A. Formato

```
<table>
    <tr>
        <td>
        <!-- contenido de la celda -->
        </td>
    </tr>
</table>
```

B. Ejemplo

Implemente el siguiente modelo de tabla usando las etiquetas <td> y <th>:

Apellidos	Nombres	Correo Electrónico	Cuota Inicial	Teléfono
Rojas	Juan	jrojas@gmail.com	$150.00	051-985632541
Barraza	Franco	fbarraza@hotmail.com	$500.00	051-999858582
García	Hurtado	hgarcia@hotmail.com	$1000.00	051-5589685
Lázaro	Ángela	alazaro@nk.net	$250.00	051-5258526

estilo.css

```
body {
    font: normal medium/1.4 sans-serif;
}
table {
    border-collapse: collapse;
    width: 40%;
}
th, td {
```

```css
    padding: 0.25rem;
    text-align: left;
    border: 1px solid #ccc;
}
tbody tr:nth-child(odd) {
    background: #eee;
}
```

index.html

```html
<!DOCTYPE html>
<html>
    <head>
        <link href="css/estilo.css" rel="stylesheet" type="text/css"/>
        <meta charset="UTF-8">
        <meta name="viewport" content="width=device-width, initial-scale=1.0">
    </head>
    <body>
        <table class="zebra">
            <thead>
                <tr>
                    <th>Apellidos</th>
                    <th>Nombres</th>
                    <th>Correo Electrónico</th>
                    <th>Cuota Inicial</th>
                    <th>Teléfono</th>
                </tr>
            </thead>
            <tbody>
                <tr>
                    <td>Rojas</td>
                    <td>Juan</td>
                    <td>jrojas@gmail.com</td>
                    <td>$150.00</td>
                    <td>051-985632541</td>
                </tr>
                <tr>
                    <td>Barraza</td>
                    <td>Franco</td>
                    <td>fbarraza@hotmail.com</td>
                    <td>$500.00</td>
                    <td>051-999858582</td>
                </tr>
                <tr>
                    <td>García</td>
                    <td>Hurtado</td>
```

```
                <td>hgarcia@hotmail.com</td>
                <td>$1000.00</td>
                <td>051-5589685</td>
            </tr>
            <tr>
                <td>Lázaro</td>
                <td>Ángela</td>
                <td>alazaro@nk.net</td>
                <td>$250.00</td>
                <td>051-5258526</td>
            </tr>
        </tbody>
    </table>
</body>
</html>
```

8.6 Atributo rowspan

Permite combinar dos o más celdas en una misma columna dentro de la tabla. Se debe tener en cuenta que rowspan debe implementarse dentro de la etiqueta <td>.

A. Formato

```
<td rowspan="número de filas a combinar">
    <!-- contenido de la fila combinada -->
</td>
```

B. Ejemplo

Implemente el siguiente modelo de tabla usando la propiedad rowspan:

ENERO	Ingreso	$ 6520.00
	Egreso	$ 2500.00
	TOTAL	$ 4020.00
FEBRERO	Ingreso	$ 15000.00
	Egreso	$ 1500.00
	TOTAL	$ 13500.00
MARZO	Ingreso	$ 12200.00
	Egreso	$ 12000.00
	TOTAL	$ 200.00

estilo.css

```css
body{
    margin: 0;
    font-size: 18px;
    padding: 10px;
    background: #ccc;
    font-family: "Tahoma";
    font-size: 16px;
}

.table1 {
    width: 750px;
}

.table1 tr td{
    padding:15px;
    color:#fff;
    text-shadow:1px 1px 1px #568F23;
    border:1px solid #93CE37;
    background:-webkit-gradient(
        linear,
        left bottom,
        left top,
        color-stop(0.02, rgb(0,92,255)),
        color-stop(0.51, rgb(0,98,255)),
        color-stop(0.87, rgb(0,17,255))
        );
    -webkit-border-top-left-radius:5px;
    -webkit-border-top-right-radius:5px;
    -moz-border-radius:5px 5px 0px 0px;
}

.table1 tr td#filaTotal{
    color:#fff;
    background:-webkit-gradient(
        linear,
        left bottom,
        left top,
        color-stop(0.02, rgb(250,0,100)),
        color-stop(0.51, rgb(250,0,100)),
        color-stop(0.87, rgb(250,0,100))
        );
}
```

index.html

```html
<!DOCTYPE html>
<html>
    <head>
        <link href="css/estilo.css" rel="stylesheet" type="text/css"/>
        <meta charset="UTF-8">
        <meta name="viewport" content="width=device-width, initial-scale=1.0">
    </head>
    <body>
        <table class="table1">
            <tr>
                <td rowspan="3">ENERO</td>
                <td>Ingreso</td>
                <td>$ 6520.00</td>
            </tr>
            <tr>
                <td>Egreso</td>
                <td>$ 2500.00</td>
            </tr>
            <tr>
                <td id="filaTotal">TOTAL</td>
                <td>$ 4020.00</td>
            </tr>
            <tr>
                <td rowspan="3">FEBRERO</td>
                <td>Ingreso</td>
                <td>$ 15000.00</td>
            </tr>
            <tr>
                <td>Egreso</td>
                <td>$ 1500.00</td>
            </tr>
            <tr>
                <td id="filaTotal">TOTAL</td>
                <td>$ 13500.00</td>
            </tr>
            <tr>
                <td rowspan="3">MARZO</td>
                <td>Ingreso</td>
                <td>$ 12200.00</td>
            </tr>
            <tr>
                <td>Egreso</td>
                <td>$ 12000.00</td>
            </tr>
```

```
            <tr>
                <td id="filaTotal">TOTAL</td>
                <td>$ 200.00</td>
            </tr>
        </table>
    </body>
</html>
```

8.7 Atributo colspan

Permite combinar dos o más celdas en una misma fila dentro de la tabla. Se debe tener en cuenta que colspan debe implementarse dentro de la etiqueta <td>.

A. Formato

```
<td colspan="número de columnas a combinar">
    <!-- contenido de la columna combinada -->
</td>
```

B. Ejemplo

Implemente el siguiente modelo de tabla usando la propiedad colspan:

ENERO			FEBRERO			MARZO		
Ingreso	Egreso	TOTAL	Ingreso	Egreso	TOTAL	Ingreso	Egreso	TOTAL
$ 10000.00	$ 5000.00	$ 5000.00	$ 15500.00	$ 1500.00	$ 14000.00	$ 20000.00	$ 2500.00	$ 17500.00

estilo.css

```
body{
    margin: 0;
    font-size: 18px;
    padding: 10px;
    background: #ccc;
    font-family: "Tahoma";
    font-size: 16px;
}

.table1 {
    width: 1050px;
}

.table1 tr td{
    padding:15px;
    color:#fff;
```

```
    text-shadow:1px 1px 1px #568F23;
    border:1px solid #93CE37;
    background:-webkit-gradient(
        linear,
        left bottom,
        left top,
        color-stop(0.02, rgb(0,92,255)),
        color-stop(0.51, rgb(0,98,255)),
        color-stop(0.87, rgb(0,17,255))
        );
    -webkit-border-top-left-radius:5px;
    -webkit-border-top-right-radius:5px;
    -moz-border-radius:5px 5px 0px 0px;
}

.table1 tr td#filaTotal{
    color:#fff;
    background:-webkit-gradient(
        linear,
        left bottom,
        left top,
        color-stop(0.02, rgb(250,0,100)),
        color-stop(0.51, rgb(250,0,100)),
        color-stop(0.87, rgb(250,0,100))
        );
}
```

index.html

```
<!DOCTYPE html>
<html>
    <head>
        <link href="css/estilo.css" rel="stylesheet" type="text/css"/>
        <meta charset="UTF-8">
        <meta name="viewport" content="width=device-width, initial-scale=1.0">
    </head>
    <body>
        <table class="table1">
            <tr>
                <td colspan="3">ENERO</td>
                <td colspan="3">FEBRERO</td>
                <td colspan="3">MARZO</td>
            </tr>
            <tr>
                <td>Ingreso</td>
                <td>Egreso</td>
```

```
                    <td id="filaTotal">TOTAL</td>
                    <td>Ingreso</td>
                    <td>Egreso</td>
                    <td id="filaTotal">TOTAL</td>
                    <td>Ingreso</td>
                    <td>Egreso</td>
                    <td id="filaTotal">TOTAL</td>
            </tr>
            <tr>
                    <td>$ 10000.00</td>
                    <td>$ 5000.00</td>
                    <td>$ 5000.00</td>
                    <td>$ 15500.00</td>
                    <td>$ 1500.00</td>
                    <td>$ 14000.00</td>
                    <td>$ 20000.00</td>
                    <td>$ 2500.00</td>
                    <td>$ 17500.00</td>
            </tr>
        </table>
    </body>
</html>
```

8.8 Dividir la tabla en <thead>, <tbody> y <tfoot>

8.8.1 <thead>

Permite definir una sección de encabezado en una tabla. Su trabajo es similar a la etiqueta <header> de un documento web. Un <thead> debe contener una o más filas que permitan mostrar información de encabezado.

La implementación de un <thead> en una tabla ayudará a reproducir el mismo encabezado en todas las hojas que ocupe la tabla cuando esta sea extensa. Esto mejorará la visibilidad de la información contenida en la tabla. Su formato es el siguiente:

```
<thead>
 <tr>
   <th>...</th>
   <th>...</th>
   <th>...</th>
 </tr>
</thead>
```

8.8.2 <tbody>

Permite definir una sección de cuerpo en una tabla. Su trabajo es similar a la etiqueta <body> de un documento web. Al igual que la etiqueta <thead>, siempre debe contener una o más filas que permitan mostrar información. Esto permitirá dividir la información de una tabla de la mejor manera posible.

<tbody> no es visible para el usuario, pero a nivel de código es recomendable por la semántica que le proporciona a la implementación de una tabla. Su formato es el siguiente:

```
<tbody>
<tr>
   <th>...</th>
   <th>...</th>
 </tr>
<tr>
   <th>...</th>
   <th>...</th>
 </tr>
</tbody>
```

8.8.3 <tfoot>

Permite definir una seccion de pie en una tabla. Su trabajo es similar a la etiqueta <footer> de un documento web. Al igual que sus predecesores, siempre deberá contener una o más filas que permitan mostrar información referente al pie de la tabla. Cuando la tabla es demasiado extensa en su contenido, el <tfoot> tenderá a repetirse en las páginas que ocupe.

<tfoot> no es visible para el usuario, pero a nivel de código es recomendable por la semántica que le proporciona a la implementación de una tabla. Su formato es el siguiente:

```
<tfoot>
<tr>
   <th>...</th>
   <th>...</th>
 </tr>
</tfoot>
```

Ejemplo:

Implemente el siguiente modelo de tabla haciendo uso de la división de una tabla:

NAVEGADOR	VERSIÓN	LICENCIA
Google Chrome	24.0	
Internet Explorer	9.0	Gratuita
Mozilla Firefox	26.0	
Fuente: http://es.wikipedia.org/wiki/navegador_web		

estilo.css

```css
body {
    font: normal medium/1.4 sans-serif;
}
table {
    border-collapse: collapse;
    width: 40%;

}
th, td {
    padding: 0.25rem;
    text-align: center;
    border: 1px solid #ccc;
}
tbody tr:nth-child(odd) {
    background: #eee;
}
```

index.html

```html
<!DOCTYPE html>
<html>
    <head>
        <link href="css/estilo.css" rel="stylesheet" type="text/css"/>
        <meta charset="UTF-8">
        <meta name="viewport" content="width=device-width, initial-scale=1.0">
    </head>
    <body>
        <table border="1" cellspacing="0" cellpadding="0">
            <thead>
                <tr>
                    <th>NAVEGADOR</th>
                    <th>VERSIÓN</th>
                    <th>LICENCIA</th>
                </tr>
            </thead>
            <tbody>
                <tr>
                    <td>Google Chrome</td>
                    <td>24.0</td>
                    <td rowspan="3">Gratuita</td>
                </tr>
                <tr>
                    <td>Internet Explorer</td>
                    <td>9.0</td>
```

```
                    </tr>
                    <tr>
                        <td>Mozilla Firefox</td>
                        <td>26.0</td>
                    </tr>
                </tbody>
                <tfoot>
                    <tr>
                        <td colspan="3">
                            Fuente: http://es.wikipedia.org/wiki/navegador_web
                        </td>
                    </tr>
                </tfoot>
            </table>
        </body>
</html>
```

Capítulo 9

Gestión de formularios para la web

9.1 Introducción a los formularios web

Los formularios web presentan un mecanismo eficiente para obtener información por parte de los usuarios de la web. Esta capacidad conlleva tratar los formularios de la mejor manera posible, ya que los datos que se recibirán deben ser procesados por la organización que los necesite.

A continuación, se mostrarán algunos casos en los que se recomienda el uso de los formularios web:

A. Formulario de contacto

Este formulario solicita información al usuario, el cual será administrado por la empresa solicitante. La idea es tener el control de los clientes que visitan la web y saber qué solicitan los clientes por medio del botón **Enviar**.

Contáctanos	
Nombre:	Johan Ricardo
Email:	jricardo@ejemplo.com
Sitio Web:	http://tutosytips.com
Mensaje:	
	Enviar

B. Formulario de encuesta de satisfacción

Este formulario permite saber qué volumen global se cumple con lo ofrecido a los clientes. Saber en qué fallan o en qué deben mejorar puede ser un dato muy importante para la empresa.

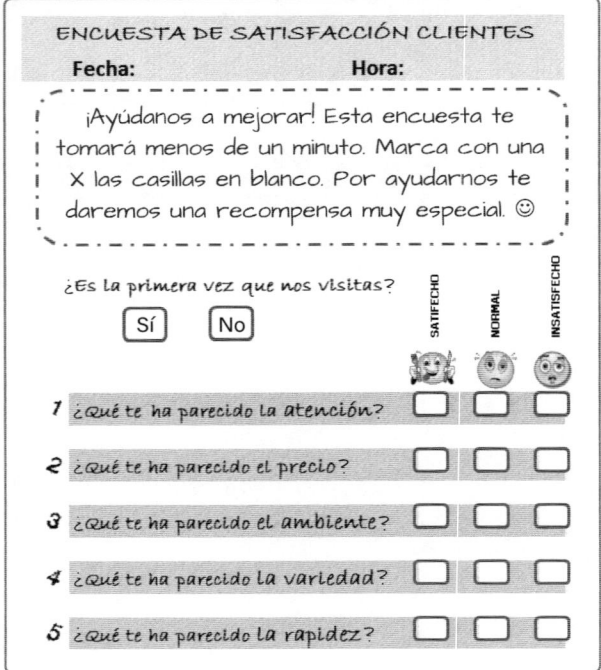

C. Formulario de solicitud de empleo o registro de datos

Este formulario permite recoger los datos de un nuevo postulante a un determinado puesto de trabajo.

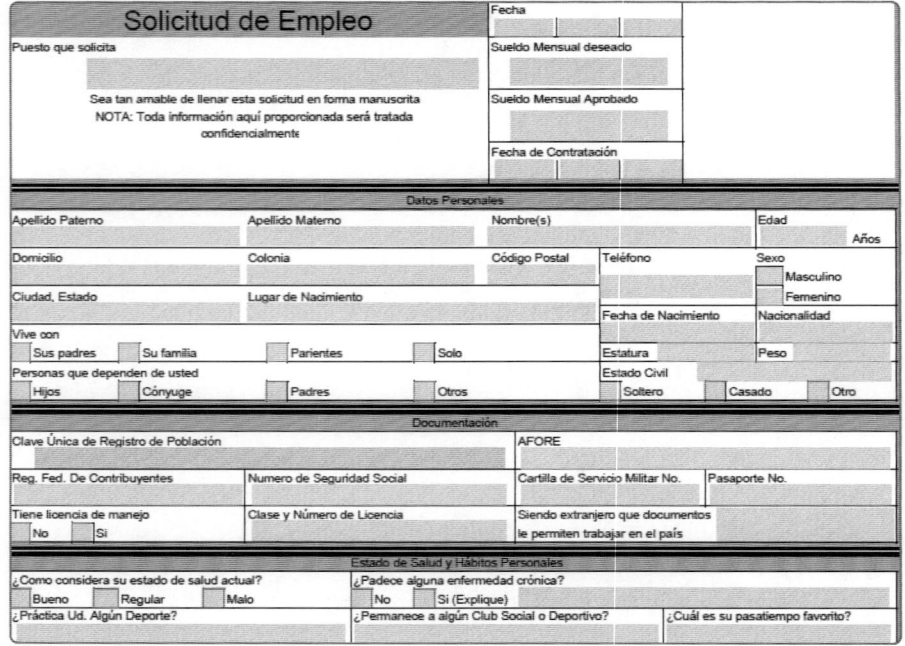

D. Formulario de reserva

Este formulario es el más usado en la actualidad, pues si alguien quiere realizar un registro para reservar una habitación, podría optar por hacerlo vía web, como se muestra en la siguiente imagen:

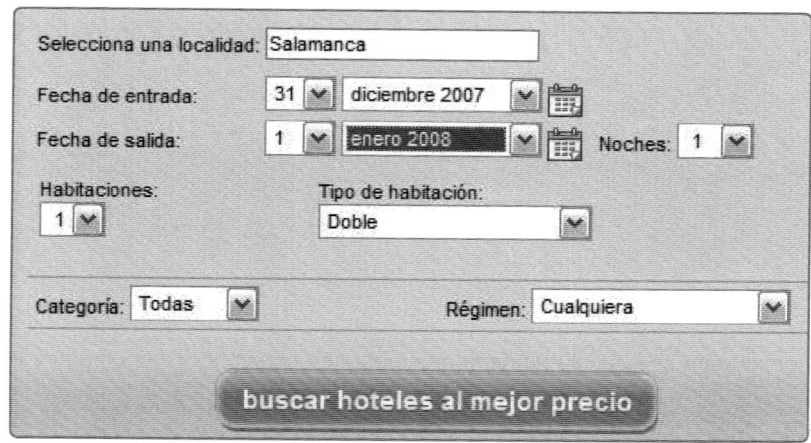

Cuando un cliente envía un correo electrónico este puede o no contener la información que necesita la empresa. Es ahí donde radica la diferencia con los formularios, pues en estos se solicita la información exacta, que es gestionada por el webmaster de la mejor manera posible para la empresa.

HTML5 no tiene la capacidad para procesar los datos obtenidos desde los formularios. Es aquí donde se hace uso de los lenguajes de programación y los administradores de las bases de datos, a fin de tener una buena administración de los datos obtenidos.

9.2 Creando un formulario: etiqueta <form>

La implementación de un formulario conlleva un juego de etiquetas <form></form>, el cual forma un contenedor de controles.

A. Formato

```
<form
    action="url"
    name="nombre del formulario"
    method="tipo de método">
    <!-- contenido del formulario -->
</form>
```

Donde:

- **Action:** determina qué acción se realizará una vez procesado el formulario.

- **Name:** es el nombre que se asigna a un formulario.

- **Method:** determina qué método se usará para la comunicación con otros documentos web.

B. Ejemplo

Implementa un formulario haciendo uso de los atributos básicos:

```
<form name="frmbasico" method="post" action="basico.php" >
  escribe tu nombre:
  <input type="text" name="nombre" value="" /><br/>
  <input type="submit" value="enviar" />
</form>
```

Se le asigna el nombre de "frmbasico", ya que el formulario a implementar permitirá registrar un usuario en línea. El nombre comienza con frm por una convención de nombres usada para los controles, pero no es necesario seguir este patrón. Lo que se recomienda es usar nombres que representen al control de manera correcta y entendible.

El método post envía información desde el formulario hacia la página especificada en action de forma directa, es decir, no se mostrarán en la URL los valores que transfieren. El atributo action define el destino de los valores obtenidos en el formulario, que normalmente es controlado por los archivos de un lenguaje de programación. En este caso se le asignó al archivo "basico.php", que pertenece al lenguaje de programación PHP.

9.2.1 Atributo action

Es un atributo que indica qué tipo de acción debe realizar el formulario cuando el cliente presione el botón de envío o submit. Cuando no se especifica ninguna acción el formulario enviará la información obtenida al mismo documento web.

Entonces, se observa lo siguiente:

a. Si los datos del formulario se envían por correo electrónico, la implementación sería de la siguiente manera:

```
<form action=mailto:direcciondelcorreo@correo.com>
      <!-- Implementación de los controles del formulario -->
</form>
```

b. Si los datos del formulario son enviados a un lenguaje de programación para que los procese como, por ejemplo, PHP, entonces la implementación sería de la siguiente manera:

```
<form action="registro.php">
      <!-- Implementación de los controles del formulario -->
</form>
```

9.2.2 Atributo method

Este atributo permite indicar al navegador web cómo serán enviados los datos obtenidos desde el formulario. Los más usados son get y post, pero existen dos métodos más llamados put y delete.

A. Método get

Esta definición permite que los valores que se envían desde el formulario sean visibles mediante la URL del archivo de destino. Se caracteriza por colocar un símbolo de interrogación y, seguidamente, los valores que obtuvo del formulario mediante una asignación simple. Se implementa de la siguiente manera:

```
<form action="registro.php" method="get">
    <!-- Implementación de los controles del formulario -->
</form>
```

El formato de la URL de destino es de la siguiente manera:

http://www.servidor.com/destino?variable1=valor1&variable2=valor2

Donde:

- **?:** es el punto de inicio de los valores con el método get.
- **Destino:** es el nombre de la página web que recibirá los valores por medio del método get.
- **Variable1:** es la variable que usará la página de destino para obtener los datos que necesite del formulario.
- **Valor1:** es el dato asignado a la variable y que puede ser usado por la página web de destino.
- **&:** sirve para unir dos o más variables cuando estas están controladas por el método get.

Por ejemplo:

Envíe los nombres y apellidos por medio del método get.

http://www.servidor.com/registro.php?nombre=luis&apellido=perez

Como se observa, los valores que fueron obtenidos son mostrados en la URL de la página de destino. A partir de ahí los datos podrán ser usados dentro del archivo de destino. En este caso, registro.php podrá usar la información de la manera que crea conveniente.

Cuando no se especifica el atributo method en la implementación del formulario el navegador escoge por defecto el método get.

B. Método post

A diferencia del método get, post envía los valores al servidor web para ser obtenidos desde allí por la página de destino. Lo más importante es que no es visible para el usuario. Es decir, la URL solo mostrará el enlace hacia la página de destino, pero no los valores obtenidos del formulario. Se implementa de la siguiente manera:

```
<form action="registro.php" method="post">
     <!-- Implementación de los controles del formulario -->
</form>
```

A continuación, se muestra la misma invocación al archivo de destino por medio del método post:

http://www.servidor.com/destino

La recomendación del uso del método post se dará cuando se envía información confidencial como, por ejemplo, claves de correos electrónicos, números de tarjetas de crédito, etc.

9.2.3 Atributo id

Permite asignar un identificador único al elemento asociado al formulario. Se recomienda que dicho nombre sea único en todo el documento y solo pueda ser usado para hacer referencia a este elemento en otras instancias.

No es necesario hacer la especificación del atributo id si el formulario nunca se asocia a elementos externos. A continuación, se mostrará qué usos tiene el atributo id:

   a. Como selector para las hojas de estilo (CSS).

   b. Como enlace de destino para los vínculos externos.

   c. Como medio para referenciar a un elemento particular desde un código script.

   d. Como nombre de un elemento object declarado.

Se muestra el siguiente ejemplo si se cuenta con el siguiente código CSS.

```
#estilo{
     background-color:#cfc;
}
```

Y, si se referencia en un formulario básico, sería de la siguiente manera:

```
<form id="estilo">
  Escribe tu nombre:
  <input type="text" name="Nombre" value="" /><br/>
  <input type="submit" value="Enviar" />
</form>
```

9.2.4 Atributo name

Permite asignar un nombre al formulario para poder identificarlo y acceder a sus elementos cuando se haga referencia de forma externa.

Por ejemplo, se asignará el nombre "frmRegistro" a un determinado formulario de la siguiente manera:

```
<form id="estilo" name="frmRegistro">
  Escribe tu nombre:
  <input type="text" name="Nombre" value="" /><br/>
  <input type="submit" value="Enviar" />
</form>
```

Se recomienda iniciar el nombre con las iniciales "frm" para poder identificar que es un control de tipo formulario.

9.2.5 Atributo enctype

Permite configurar la forma en que viajará la información obtenida desde un formulario. Dicha forma puede ser de varios tipos, pero lo más común es enviar la información como texto plano, es decir, ENCTYPE="TEXT/PLAIN". A continuación, se verá la especificación de tipo realizada a un formulario para texto plano:

```
<form
    name="frmRegistro"
    action="registro.php"
    method="post"
    enctype="text/plain">
</form>
```

A continuación, se mostrará una breve explicación de los tipos que se pueden configurar desde el atributo enctype:

A. Application/x-www-form-urlencoded

Es el valor por defecto del formulario. Cuando no se especifica, este atributo tiene dicho valor y se puede utilizar cuando se envían datos de texto plano. Se implementa de la siguiente manera:

```
<form
    name="frmRegistro"
    action="registro.php"
    method="post"
    enctype="application/x-www-form-urlencoded">
</form>
```

B. Multipart/form-data

Es el valor que se usa para archivos diferentes a un texto plano, como Microsoft Word, PDF, MP3, etc. Se implementa de la siguiente manera:

```
<form
    name="frmRegistro"
    action="registro.php"
    method="post"
    enctype="multipart/form-data">
</form>
```

C. Text/plain

Es el valor más usado, pues el intercambio de información se realiza estrictamente en texto plano. Se implementa de la siguiente manera:

```
<form
name="frmRegistro"
action="registro.php"
method="post"
enctype="text/plain">
</form>
```

9.2.6 Atributo target

Permite configurar la salida que tendrá el valor devuelto desde un formulario, lo cual podría realizarse en una ventana nueva o en la misma. Los valores son similares a los atributos de la etiqueta <a>, como son:

a. **_self:** es el valor por defecto y hace que el resultado se muestre en la misma ventana del formulario.

b. **_blank:** el resultado se muestra en una ventana nueva dependiendo del navegador web.

A continuación, se muestra el siguiente caso en la cual se configura como valor target a _blank.

```
<form
    name="frmRegistro"
    accept-charset="utf-8"
    action="registro.php"
    method="post"
    enctype="application/x-www-form-urlencoded"
    target="_blank"
    novalidate >
</form>
```

9.2.7 Atributo autocomplete

Usualmente, cuando se llenan los datos en un formulario, estos se guardan automáticamente. Esto ocasiona que la próxima vez que se escriban se autocomplete el texto. Esta situación tiene beneficios, como completar valores que se repiten dentro del formulario, y desventajas como, por ejemplo, cuando se realiza una compra *online* y se autocompleta el número de tarjeta de crédito o, peor aún, la clave de la misma.

Con el atributo autocomplete se tiene la posibilidad de habilitar e inhabilitar dicha opción dentro de un formulario. Se implementa de la siguiente manera:

```
<form
    name="frmRegistro"
    accept-charset="utf-8"
    action="registro.php"
    method="post"
    enctype="application/x-www-form-urlencoded"
    target="_blank"
    autocomplete="off|on">
</form>
```

Cuando este atributo no es implementado en la construcción del formulario, por defecto se habilita y asigna on como valor. En el ejemplo anterior se ha inhabilitado la función de autocompletar los valores en el formulario.

9.3 Control de textos para formularios

9.3.1 Etiqueta <label>

Label representa a un texto simple dentro de un formulario. Es posible colocar componentes propios del formulario dentro de la etiqueta <label> con el fin de poder aplicarle un estilo CSS.

A. Formato

```
<label>
    <!-- Contenido de la etiqueta-->
</label>
```

B. Ejemplo

Implementa el encabezado de un formulario de registro de usuarios usando la etiqueta <label> para el subtítulo:

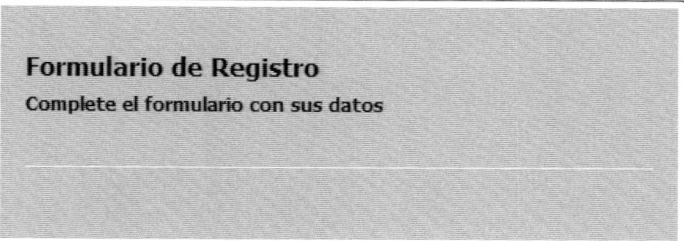

Se deben tener en cuenta las siguientes consideraciones:

a. Implementar el formulario sin usar tablas para su diseño.

b. En el título "Formulario de Registro" se debe usar la etiqueta de encabezado h1.

c. Para el subtítulo usar la etiqueta <label>.

d. Debajo del subtítulo se mostrará una línea de color blanco.

e. Para todos los casos usar estilos CSS para ofrecer la mejor presentación posible del Formulario de Registro.

A continuación, se muesta el script HTML5:

```html
<!DOCTYPE html>
<html>
    <head>
        <meta charset="UTF-8">
        <link href="css/estilo.css" rel="stylesheet" type="text/css"/>
        <meta name="viewport" content="width=device-width, initial-scale=1.0">
    </head>
    <body>
        <section id="formulario">
            <form name="frmregistro" method="post" action="principal.html">
                <h1>FORMULARIO DE REGISTRO</h1>
                <label id="label">Complete el formulario con sus datos</label>
                <p id="linea"> </p>
            </form>
        </section>
    </body>
</html>
```

El código que complementa el caso es llamado estilo.css y contiene el siguiente script:

```css
/*estilo para el fondo de la página web*/
body{
    font-family:"tahoma";
    font-size:12px;
}

/*estilo para el formulario*/
#formulario{
    border:solid 2px #b7ddf2;
    background:#b7ddf2;
    margin:0 auto;
    width:400px;
    padding:14px;
}

/*estilo para el título*/
h1{
    font-size:16px;
    font-weight:bold;
    margin-bottom:8px;
}
```

```
/*estilo para el texto y su línea*/
#linea{
    color:#666666;
    margin-bottom:30px;
    border-bottom:solid 1px #fff;
    padding-bottom:5px;
}

/*estilo para los textos del formulario*/
#label{
    display: block;
    font-weight: bold;
    width: 140px;
    font-size: 12px;
}
```

9.3.2 Cuadro de texto simple

En un cuadro de texto simple el usuario podrá interactuar con el formulario, es decir, podrá introducir datos como sus nombres, apellidos, correo electrónico o la clave para el acceso a la aplicación web, etc.

La característica principal de este control es recolectar información en una sola línea, es decir, no podrá presionar **enter** para introducir valores en la segunda línea. Así, presionar **enter** en un documento web podría ocasionar una redirección del documento. Se debe tener cuidado con esto.

A. Formato

```
<input
    type="text"
    name="nombre"
    value="valor"
    maxlength="máxima longitud"
    size="tamaño en ancho del control"
    readonly="readonly"
    placeholder="mensaje de ayuda"
    autofocus
    disabled
/>
```

Donde:

a. **Type="text"**: indica que la etiqueta <input> se comportará como un cuadro de entrada o texto simple.

b. **Name:** es el nombre que se le asigna al control de tipo text. Se recomienda asignar las tres primeras letras del nombre con "txt" para poder diferenciarlo de los demás controles del formulario web.

En el siguiente script se implementa el control text, y se le asigna el nombre de txtApellidos para que el usuario pueda introducir sus apellidos.

```
<input
    type="text"
            name="txtfecha"
/>
```

c. **Value:** es el valor que se le puede asignar de forma directa al control de tipo text, normalmente no debería registrarse, ya que es el usuario el que llena dicho control. Sin embargo, también podría mostrarse la fecha actual de forma predeterminada, como se muestra a continuación:

```
<input
    type="text"
    name="txtFecha"
    value="21 de febrero del 2015"
/>
```

d. **Maxlength:** especifica el número máximo de caracteres que puede contener el campo de texto. No se debe confundir con el ancho que tiene el mismo control. Cuando no se hace referencia a este atributo el límite máximo de longitud es infinito. Esta configuración se podría dar para que el usuario introduzca valores exactos, como, por ejemplo, el número de DNI, como se muestra a continuación:

```
<input
    type="text"
    name="txtDni"
    maxlength="8"
/>
```

e. **Size:** especifica el ancho que puede tener el control text. Esta medida está dada en píxeles y no en la cantidad de caracteres que puede contener el control. A continuación, se mostrará la implementación del control text para la introducción de los apellidos y nombres de un usuario:

```
<input
    type="text"
    name="txtNombres"
    size="100"
/>
```

f. **Readonly:** aplica la característica de solo lectura al control text. La idea principal es poder mostrar algún valor y no permitir la modificación. A continuación, se mostrará la fecha actual y se le aplicará solo lectura:

```
<input
    type="text"
    name="txtFecha"
    value="21 de febrero el 2015"
    size="80"
    readonly="readonly"
/>
```

g. **Placeholder:** permite mostrar un texto de apoyo al usuario para indicarle el valor correcto que debe introducir en el control text del formulario. Se manifiesta de color gris y puede ser modificado por el usuario. Como se observa, el siguiente script permite mostrar un texto de apoyo sobre el registro de su DNI y su teléfono:

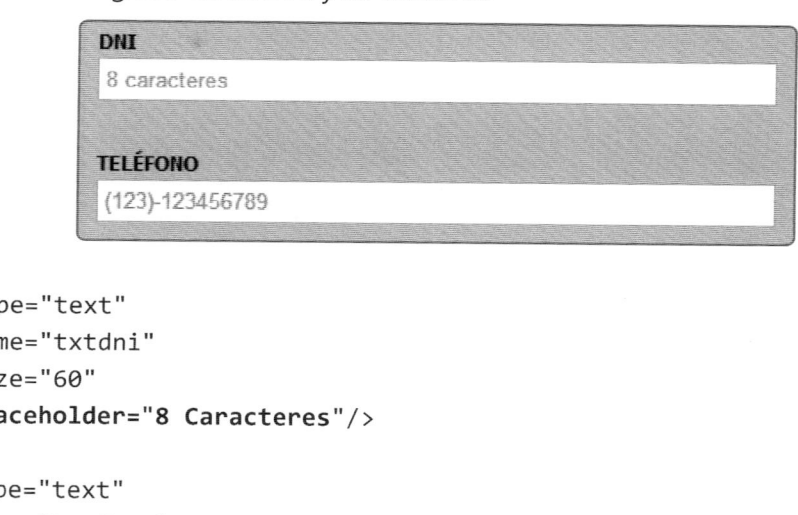

```
<input
    type="text"
    name="txtdni"
    size="60"
    placeholder="8 Caracteres"/>
<input
    type="text"
    name="txtfono"
    size="60"
    placeholder="(123)-123456789"/>
/>
```

h. **Autofocus:** permite activar el cursor del ratón sobre el control especificado. Se debe tener en cuenta que solo uno de los controles puede tener el autofocus.

```
<input
    type="text"
    name="txtdni"
    size="60"
    placeholder="8 Caracteres"
    autofocus
/>
```

i. **Disabled:** permite inhabilitar el acceso a los valores mostrados en un control text. Normalmente, se usa para bloquear el contenido haciendo que este tenga un color gris sobre el control.

```
<input
    type="text"
    name="txtdni"
    size="60"
    placeholder="8 caracteres"
    disabled
/>
```

j. **Required:** permite mostrar un mensaje al usuario cuando este no introduzca algún valor dentro de un control text. La característica de required es la que obliga al usuario a introducir un valor. Se debe tener en cuenta que dicho mensaje se mostrará en el momento de enviar la información del formulario a un lugar destino.

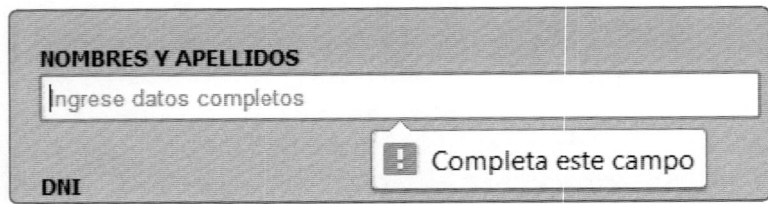

```
<input
    type="text"
    name="txtnombres"
    size="60"
    placeholder="Ingrese datos completos"
    required
 />
```

Adicionalmente, se puede agregar un texto al mensaje, como, por ejemplo, el siguiente:

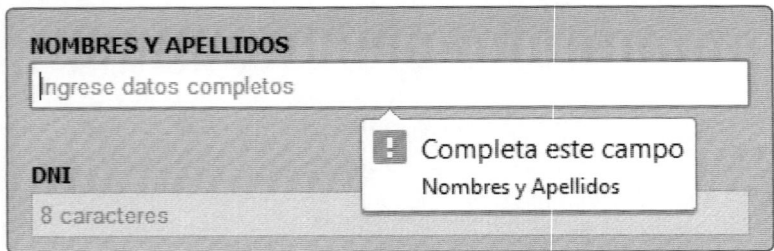

```
<input
        type="text"
        name="txtnombres"
        size="60"
        placeholder="Ingrese datos completos"
        title="nombres y apellidos"
        required
/>
```

B. Ejemplo

Implemente el siguiente modelo de formulario:

REGISTRO DE USUARIOS

Ingrese su correo electrónico

Inscribirse

estilo.css

```css
body{
    font-family:"tahoma";
    font-size:14px;
}

form {
    padding:10px;
    margin:0;
    width: 250px;
    border: 1px solid darkgray;
}

#entrada{
    font-family: Tahoma;
    font-size: 14px;
    width: 240px;
}
```

index.hml

```html
<!DOCTYPE html>
<html>
    <head>
        <meta charset="UTF-8">
        <link href="css/estilo.css" rel="stylesheet" type="text/css"/>
        <meta name="viewport" content="width=device-width, initial-scale=1.0">
    </head>
    <body>
        <form>
            <table>
                <tr>
                    <td>
                        REGISTRO DE USUARIOS
                    </td>
                </tr>
                <tr>
```

```
                    <td>
                        <input type="text" id="entrada"
                            placeholder="Ingrese su correo electrónico">
                    </td>
                </tr>
                <tr>
                    <td>
                        <a href="#">Inscribirse</a>
                    </td>
                </tr>
            </table>
        </form>
    </body>
</html>
```

9.3.3 Cuadro de texto múltiple

Permite implementar un cuadro de texto de múltiples líneas. Puede contener un número ilimitado de caracteres y el número de líneas puede ser especificado por los atributos del control, así como también por medio de estilos CSS.

A. Formato

```
<textarea
    name="nombre"
    cols="valor"
    rows="valor"
    readonly="readonly"
    maxlength="valor"
    placeholder="mensaje de ayuda"
    autofocus
    disabled
    required>
</textarea>
```

Donde:

a. **Cols:** especifica el ancho visible para el control textarea.

b. **Rows:** especifica el número de filas que puede contener el control textarea. Se debe tener en cuenta que esto generará una barra de desplazamiento sobre el control.

A continuación, se mostrará un script que permite implementar un control textarea de 60 de ancho con 10 líneas de filas:

RESEÑA

Permite implementar un cuadro de texto de múltiples líneas. Puede contener un número ilimitado de caracteres y el número de líneas puede ser especificado por los atributos del control, así como también por medio de estilos CSS. Su formato es el siguiente

```
<TEXTAREA
NAME="NOMBRE"
        COLS="VALOR"
```

```
<textarea
    name="txtreseña"
    cols="50"
    rows="10">
    </textarea>
```

B. Ejemplo

Implemente el siguiente modelo de formulario:

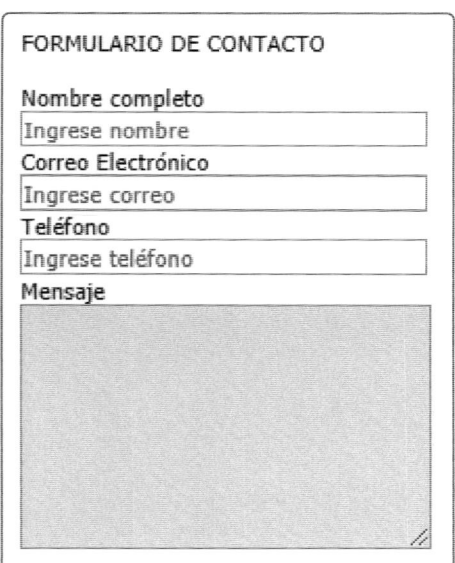

FORMULARIO DE CONTACTO

Nombre completo
Ingrese nombre
Correo Electrónico
Ingrese correo
Teléfono
Ingrese teléfono
Mensaje

estilo.css

```
body{
    font-family:"tahoma";
    font-size:14px;
}

form {
    padding:10px;
    margin:0;
    width: 250px;
```

```
    border: 1px solid darkgray;
}

#entrada{
    font-family: Tahoma;
    font-size: 14px;
    width: 240px;
}

textarea{
    width:240px;
    height:144px;
    border-style:solid;
    border-width:1px;
    background-color:#E7E7E7;
}
```

index.html

```
<!DOCTYPE html>
<html>
    <head>
        <link href="css/estilo.css" rel="stylesheet" type="text/css"/>
        <meta charset="UTF-8">
        <meta name="viewport" content="width=device-width, initial-scale=1.0">
    </head>
    <body>
        <form>
            <table>
                <tr>
                    <td>
                        FORMULARIO DE CONTACTO<br><br>
                    </td>
                </tr>
                <tr>
                    <td>
                        Nombre completo<br>
                        <input type="text" id="entrada"
                                placeholder="Ingrese nombre" required>
                    </td>
                </tr>
                <tr>
                    <td>
                        Correo Electrónico<br>
                        <input type="text" id="entrada"
                                placeholder="Ingrese correo" required>
```

```
                    </td>
                </tr>
                <tr>
                    <td>
                        Teléfono<br>
                        <input type="text" id="entrada"
                               placeholder="Ingrese teléfono">
                    </td>
                </tr>
                <tr>
                    <td>
                        Mensaje<br>
                        <textarea></textarea>
                    </td>
                </tr>

            </table>
        </form>
    </body>
</html>
```

9.3.4 Cuadro de password

El control password tiene las mismas características que el control text, la diferencia es que el valor introducido no es visible para el usuario y, en su lugar, aparecen símbolos dependiendo del navegador web.

A. Formato

```
<input
    type="password"
    name="nombre"
    value="valor"
    maxlength="máxima longitud"
    size="tamaño en ancho del control"
    readonly="readonly"
    placeholder="mensaje de ayuda"
    autofocus
    disabled
/>
```

B. Ejemplo

A continuación, se mostrará el script que permite implementar el siguiente registro de una clave personal:

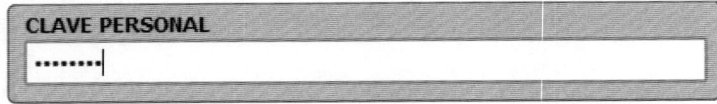

```
<input
    type="password"
name="txtclave"
size="60"
placeholder="máximo 6 caracteres "
/>
```

9.3.5 Entrada de un correo electrónico

El tipo email permite validar el acceso de un correo electrónico en un cuadro de texto simple. Se usa con más frecuencia en los dispositivos móviles, los cuales muestran un teclado desde el dispositivo móvil agregando el símbolo @.

A continuación, se mostrará la implementación del correo electrónico en un formulario:

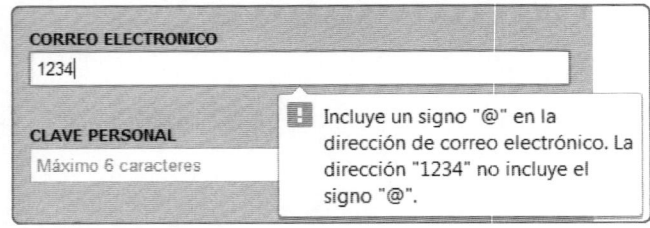

```
<input
    type="email"
    size="60"
    name="txtemail"
/>
```

9.3.6 **Entrada de fecha**

La entrada de fecha muestra un selector de fecha y un campo de entrada de texto que contiene un separador para la fecha, las horas, los minutos y los segundos. Se debe tener en cuenta que solo se puede seleccionar un solo valor.

```
<input
    type="date"
    name="txtfecha"
/>
```

El tipo de entrada de fecha tiene las siguientes configuraciones:

a. Datetime: permite al usuario introducir la fecha y hora en un mismo cuadro de texto simple.

```
<input type="datetime-local" name="txtfecha"/>
```

b. Month: permite elegir un mes, que es almacenado internamente como un número entre 1-12. Cada navegador proporciona mecanismos de selección para dichos meses.

```
<input type="month" name="txtfecha"/>
```

c. **Week:** permite elegir una semana, almacenada internamente en el formato 2010-W37 (semana 37 del año 2010).

```
<input type="week" name="txtfecha"/>
```

9.3.7 Tipo number

Permite tener el control de valores numéricos, presenta un desplazador numérico en el lado derecho del control input.

A. Formato

```
<input
    type="number"
    name="nombre del control"
    min="valor"
    max="valor"
    step="valor"
    placeholder="leyenda del control numérico"
    value="valor por defecto"
    disabled
    autofocus
    readonly
    required
/>
```

Donde:

- **Type="number":** define la etiqueta de entrada de forma numérica.
- **Min:** define el mínimo valor numérico que puede mostrar la etiqueta.
- **Max:** define el máximo valor numérico que puede mostrar la etiqueta.
- **Step:** define la forma de avance entre los números definidos en el mínimo y máximo.

B. Ejemplos

a. En el siguiente ejemplo se muestra el script HTML5, el cual permite implementar un control input para la edad de una persona que solo posibilita la selección entre 18 y 65 años de forma obligatoria con el siguiente formato.

```
<form name="frmregistro" method="post" action="principal.html">
    <label> registre su edad: </label>
    <input name="txtedad"
    type="number"
    min="18"
    max="65"
    value="18"
    required>
</form>
```

b. En el siguiente ejemplo se muestra el cálculo de la edad según el año introducido en un control input de tipo number con el siguiente formato:

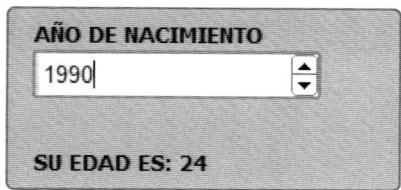

```
<form oninput="resultado.value=2014-parseint(txtaño.value)">
    <label>año de nacimiento
<input name="txtaño"
    type="number"
    size="60"
    placeholder="Ingrese año de nacimiento"
    required/>
</label>
    <label>su edad es:
        <output name="resultado"></output>
    </label>
</form>
```

- La etiqueta **<form>** implementa el atributo **oninput** y permite obtener el valor asignado a la etiqueta de tipo **number**. Asimismo, los opera mediante una expresión de cálculo simple, ahí mismo se tiene que especificar dónde se mostrará el resultado.

- Se debe considerar que el valor solicitado para el cálculo en el formulario debe ser numérico entero, para lo cual se debe usar la función **parseint**. Esta permitirá convertir un valor textual en un número entero.

- Finalmente, se usa la etiqueta **<output>** con name 'resultado', el cual obtiene el valor calculado en tiempo real. Es decir, según se escriben los valores se va obteniendo el resultado.

- Se debe tener en cuenta que la respuesta se visualiza gracias a la definición que se realizó en la etiqueta del **<form>**, de otra forma no funcionaría.

c. A continuación, se mostrará el último caso de implementación de **number** aplicando la media (el promedio) de tres notas con el siguiente formato:

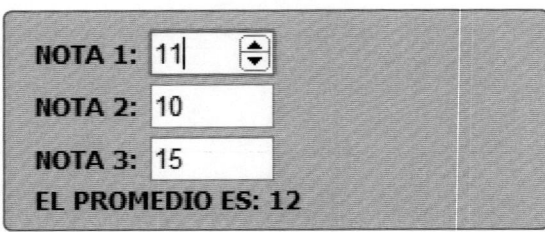

```
<form oninput="resultado.value = (parseint(txtn1.value)+
                           parseint(txtn2.value)+
                           parseint(txtn3.value))/3">
    <label id="label">nota 1:
        <input name="txtn1"
               type="number"
               min="1"
               max="20"
               placeholder="n1"
        />
    </label>
    <label id="label">nota 2:
        <input name="txtn2"
               type="number"
               min="1"
               max="20"
               placeholder="n2"
        />
    </label>
    <label id="label">nota 3:
        <input name="txtn3"
               type="number"
               min="1"
               max="20"
               placeholder="n3"
        />
    </label>
    <label id="label">el promedio es:
        <output name="resultado"></output>
    </label>
</form>
```

9.3.8 Tipo range

Permite implementar un Slider, también llamado barra con botón deslizante. Este permite seleccionar un valor entre otros dos previamente declarados.

Su formato es el siguiente:

```
<label>min
    <input
            type="range"
            name="nombre del control range"
            min="mínimo valor del rango"
            max="máximo valor del rango"
            />
    max
</label>
```

A continuación, se muestra la implementación de un formulario que permite sumar dos números enteros. El primero será controlado mediante el control input tipo range y el segundo tipo con el siguiente formato:

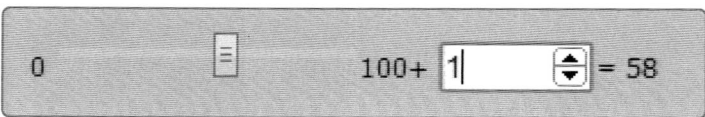

```
<form oninput="resultado.value=parseint(ran1.value)+
                            parseint(txtn.value)">0
        <input type="range" name="ran1" min="0" max="100">100+
        <input type="number" name="txtn" min="0" max="100" value="0">=
        <output name="resultado">0</output>
</form>
```

A continuación, se mostrará la implementación de un formulario que permita mostrar los números pares menores a veinte desde el control **input** tipo **range** con el siguiente formato:

```
    2           ▤           20
    Los números pares menores a 20 son: 10
```

```
<form oninput="resultado.value=ran.value">2
        <input type="range" name="ran" min="2" max="20" step="2">20
        <br/>los números pares menores a 20 son:
        <output name="resultado" for="ran">2</output>
</form>
```

9.4 Control de botones para los formularios

Si se tiene en cuenta que el usuario introduce la información mediante los controles del formulario, el botón es el encargado de enviar la información. Un botón es un control usado para realizar una acción en el formulario que lo contenga.

Sus principales propiedades son las siguientes:

- **Type:** es la implementación del tipo de botón que se debe mostrar al usuario. Se pueden dar tres casos:
  - Button
  - Reset
  - Submit
- **Value:** Es el texto que se muestra como contenido en el botón. Es importante no sobrecargarlo de texto, ya que solo es un botón que acciona una actividad.

Existen tres tipos básicos de botones:

A. Botón de envío

Es el botón que muestra información al usuario como resultado de una operación.

```
<form method="post" action="URL destino">
    <input
            type="submit"
            value="texto mostrado"
    />
</form>
```

Aquí se debe tener en cuenta que el resultado se enviará a un URL de destino especificado en la propiedad action del formulario. En caso de que no se especifique, el resultado se enviará al mismo formulario.

A continuación, se mostrará la implementación de un botón que permite enlazar a la página web **http://www.google.com** usando el tipo submit con el siguiente formato:

```
<input
        type="submit"
        value="buscar"
        onclick="document.location='http://www.google.com.pe'"
/>
```

B. Botón de reinicialización

Es el botón que permite restablecer todos los controles del formulario, es decir, los limpia.

> Borrar información

```
<form method="post" action="URL destino">
    <input
            type="reset"
            value="texto mostrado"
    />
</form>
```

C. Botón pulsador

Es el botón que no tiene un comportamiento predefinido como el de envío o reinicio. Este botón responde al código que se le asigne, el cual es llamado script y puede ser desde JavaScript o el lenguaje PHP.

```
<form method="post" action="URL destino">
    <input
            type="button"
            value="texto mostrado"
    />
</form>
```

a. A continuación, se mostrará la implementación de un botón llamado **Ver Saludo** que permita mostrar el mensaje "Saludos desde el Botón" al presionarlo. Se debe seguir el siguiente formato:

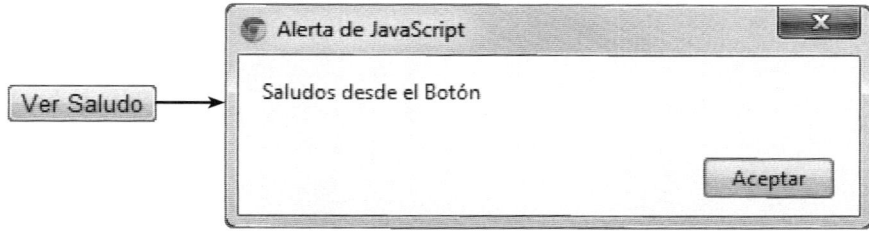

```
<input
    type="button"
    onclick="javascript:alert('Saludos desde el Botón')"
    value="Ver saludo"
/>
```

b. Ahora implemente un botón que permita enlazar a la página web **http://www.google.com** usando una función JavaScript con el siguiente formato:

```
<script>
    function ira() {
        document.location='http://www.google.com.pe';
    }
</script>

<input
    type="button"
    value="Buscar"
    onclick="ira();"
/>
```

9.4.1 Usando imágenes para los botones

Los botones suelen ser habituales entre los diferentes formularios. Lo que se puede hacer es mostrar una imagen en vez de un botón rectangular, pero con los mismos atributos.

A. Formato

```
<form method="post" action="URL destino">
    <input
        type="image"
        src="ruta de la imagen"
    />
</form>
```

B. Ejemplo

A continuación, se mostrará la implementación de un botón de tipo imagen que permita mostrar el archivo lupa.jpg guardado en la carpeta imágenes. Al presionarlo deberá mostrar el mensaje "Empezamos la búsqueda" usando el código JavaScript.

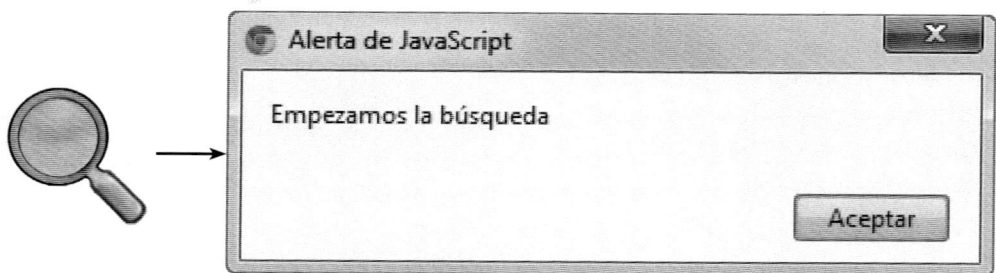

```
<input type="image"
       src="imagenes\indice.jpg"
       onclick="javascript:alert('Empezamos la búsqueda')"
/>
```

9.4.2 Elemento <output>

Representa la salida que puede tener un cálculo realizado a través de un script en un determinado formulario.

A. Formato

```
<output
    name="nombre de la variable de salida"
    for "variable de referencia">
</output>
```

Donde:

- **Name:** permite asignar un nombre al elemento output. Este atributo es muy importante, ya que determina los resultados del cálculo. También se debe considerar que las mayúsculas y las minúsculas son consideradas diferentes.

- **For:** permite establecer una relación entre el resultado del cálculo y los elementos del mismo. Es importante especificar los nombres de los controles involucrados en el cálculo. Se debe tener en cuenta que existe una diferenciación entre las mayúsculas y minúsculas.

B. Ejemplo

A continuación, se mostrará la implementación de una multiplicación entre dos elementos numéricos usando output.

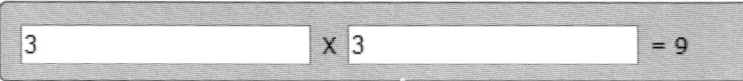

```
<form
    oninput="res.value=parseint(op1.value) * parseint(op2.value)">
    <input name="op1" type="number"> x
    <input name="op2" type="number"> =
    <output
    name="res"
    for "op1 op2">
    </output>
</form>
```

9.5 Control de los cuadros de chequeo

El control de cuadro de chequeo sirve para seleccionar una o más opciones en un grupo de opciones dentro de un documento web.

A. Formato

```
<input
    type="checkbox"
    name="nombre del control"
/> mensaje a mostrar
```

B. Ejemplo

A continuación, se mostrará la implementación de cuatro cuadros de chequeo usando Input Checkbox.

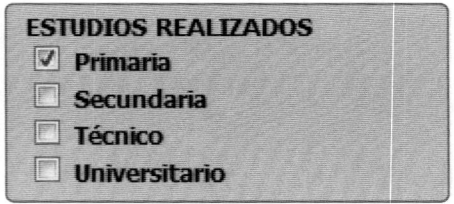

```
<label>estudios realizados </label>
<label>
    <input type="checkbox"
        name="chkprimaria"
        checked="checked"/> Primaria
</label>
<label>
    <input type="checkbox" name="chksecundaria" /> Secundaria
</label>
<label>
    <input type="checkbox" name="chktecnico" /> Técnico
</label>
<label>
```

```
        <input type="checkbox" name="chkuniversitario" /> Universitario
</label>
```

9.6 Control de los botones de radio

Un botón es un control usado para realizar una acción con el formulario que lo contenga. Existen tres tipos básicos de botones:

```
<input type="radio"
        name="nombre del botón"
        value="valor del botón"
/> texto mostrado
```

Donde:

- **Type="radio":** es la definición del tipo botón de radio dentro de un formulario.

- **Name:** es el nombre que se le asigna al control de tipo opción, normalmente se le asignan las tres primeras letras, como opt, seguidas del nombre que representa.

- **Value:** es la definición del valor al seleccionar una opción, este será usado por algún lenguaje de programación.

El script sería de la siguiente forma:

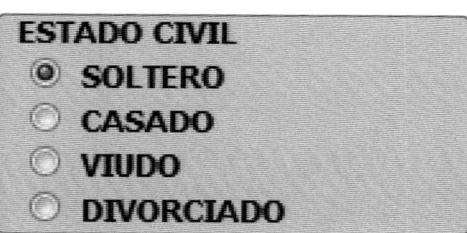

```
<label id="label">ESTADO CIVIL</label>
<label id="label">
    <input type="radio"
          name="btnestado"
          value="s"
          checked="checked"/> SOLTERO
</label>
<label id="label">
    <input type="radio" name="btnestado" value="c" /> CASADO
</label>
<label id="label">
    <input type="radio" name="btnestado" value="v" /> VIUDO
</label>
<label id="label">
    <input type="radio" name="btnestado" value="d" /> DIVORCIADO
</label>
```

A diferencia de los cuadros de chequeo, el nombre de un grupo de botones siempre será el mismo. En el script anterior se puede observar que todos los botones tienen el nombre de "btnestado", esto se debe a que el usuario solo debe escoger una opción de la lista de botones.

9.7 Control del cuadro combinado

La característica del control de cuadro combinado es que puede presentar muchas opciones en un solo control y se pueden acceder a ellos por medio de una lista desplegable.

A. Formato

```
<select name="nombre del control">
    <option value="valor 1" selected> opción 1 </option>
    <option value="valor 2"> opción 2</option>
    <option value="valor 3"> opción 3</option>
</select>
```

Donde:

- **Name:** es el nombre que se le asigna al control de cuadro combinado. Normalmente se le asignan las tres primeras letras, como sel, seguidas del nombre que representa.

- **Option value:** es el valor mostrado en una lista desplegable.

- **Selected:** define cuál de los valores se mostrará inicialmente al usuario.

B. Ejemplo

A continuación, se mostrará la implementación de selección de ciudades de Perú, para lo cual se deberá usar el control select con el siguiente formato:

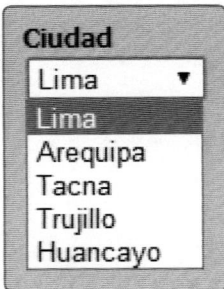

```
<label id="label">Ciudad</label>
<label id="label">
    <select name="selciudad">
        <option value="lima" selected>Lima</option>
        <option value="arequipa">Arequipa</option>
        <option value="tacna">Tacna</option>
        <option value="trujillo">Trujillo</option>
        <option value="huancayo">Huancayo</option>
    </select>
</label>
```

9.8 Control del cuadro de lista

Los cuadros de lista son parecidos al control del cuadro combinado, lo que le diferencia es que los elementos que componen la lista serán totalmente visibles. Esto difiere del cuadro combinado, el cual los oculta y solo muestra el predefinido.

A. Formato

```
<select name="nombre del control" size="valor">
   <option value="valor 1" selected> opcion 1 </option>
   <option value="valor 2"> opcion 2</option>
   <option value="valor 3"> opcion 3</option>
</select>
```

Donde:

- **Size="valor":** aquí se especifica el número de líneas que ocupará el control cuadro de lista, el valor mínimo es cuatro. Se debe considerar que, al especificar un valor, este será el número de elementos a mostrar en el cuadro de lista, y aparecerá una barra de desplazamiento vertical para los demás elementos.

B. Ejemplo

A continuación, se mostrará la implementación de selección de ciudades de Perú, para lo cual deberá usar el control select con un tamaño inicial de cuatro elementos y con el siguiente formato:

```
<label id="label">ciudad</label>
    <label id="label">
                <select name="selciudad" size="4">
                    <option value="lima" selected>Lima</option>
                    <option value="arequipa">Arequipa</option>
                    <option value="tacna">Tacna</option>
                    <option value="trujillo">Trujillo</option>
                    <option value="huancayo">Huancayo</option>
                </select>
    </label>
```

Si la especificación de tamaño fuera cinco, el diseño sería el siguiente:

9.9 Etiqueta <datalist>

En HTML5, un <datalist> permite automatizar la introducción de datos dando una nueva opción para mostrar muchos valores en un mismo control, esta vez usando el control input de tipo text. Este generará una lista desplegable de opciones para que el usuario realice su selección, tal como se realizó en el control de cuadro combinado.

A. Formato

```
<input type="text"
    name="nombre del control input text"
        list="nombre de lista"/>
        <datalist id="nombre de lista">
        <option value="valor 1" />
        <option value="valor 2" />
        <option value="valor 3" />
</datalist>
```

En caso de que el navegador web no soporte esta característica propia de HTML5, se mostrará un control input sencillo sin desplegar las opciones de la lista. La principal ventaja de este control es que reconoce los primeros caracteres introducidos por el usuario para autocompletar la información, y así poder seleccionar una de las opciones.

B. Ejemplo

A continuación, se mostrará la siguiente implementación de provincias de Perú usando la etiqueta <datalist> con el siguiente formato:

```
<label id="label">Provincia</label>
    <input type="text" name="txtprovincia" list="provincias"/>
        <datalist id="provincias">
            <option value="Lima" />
            <option value="Arequipa" />
            <option value="Tacna" />
            <option value="Trujillo" />
            <option value="Huancayo" />
        </datalist>
```

9.10 Caso desarrollado: Formulario de registro

Implemente el siguiente Formulario de Registro usando todos los controles vistos en este capítulo. No debe usar la tabla para la tabulación de los elementos, para esto se usarán los estilos CSS.

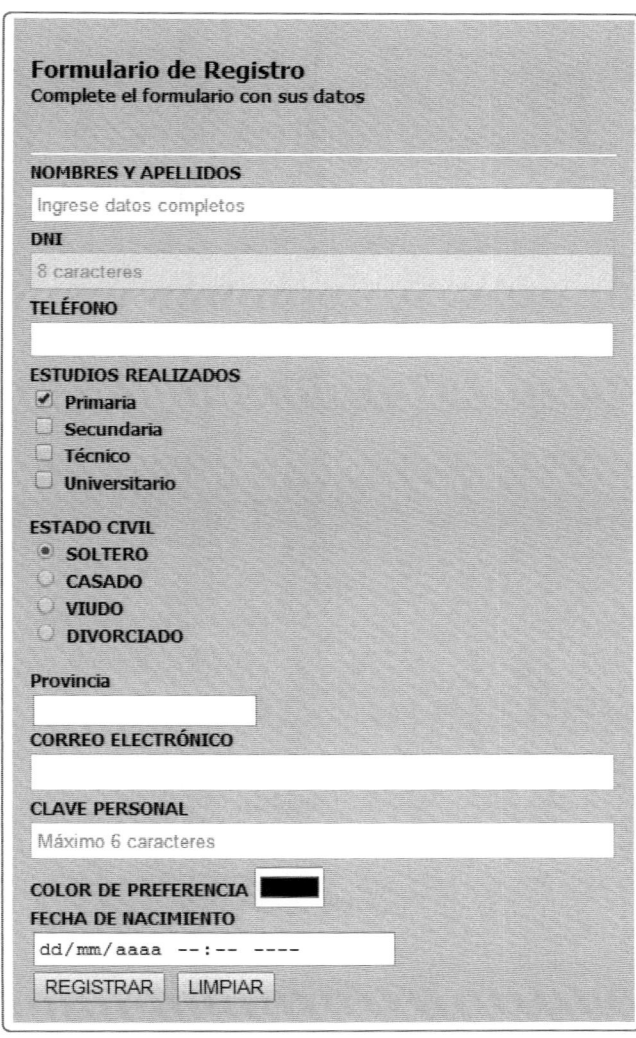

A continuación, se mostrará el script HTML5 que define la estructura del Formulario de Registro:

estilo.css

```css
/*Estilo para el fondo de la página web*/
body{
    font-family:"tahoma";
    font-size:12px;
}

/*Estilo para el formulario*/
#formulario{
    border:solid 2px #b7ddf2;
    background:#b7ddf2;
    margin:0 auto;
    width:420px;
    padding: 10px;
}

/*Estilo para el título*/
h1{
    font-size:16px;
    font-weight:bold;
    margin-bottom:2px;
}

/*Estilo para el texto y su línea*/
#linea{
    color:#666666;
    margin-bottom:5px;
    border-bottom:solid 1px #FFF;
    padding-bottom:5px;
}

/*Estilo para los textos del formulario*/
#label{
    display: block;
    font-weight: bold;
    width: 240px;
    font-size: 12px;
}
/*Estilo para las cajas de texto simple*/
#caja{
    padding:4px;
    border:solid 1px #aacfe4;
    margin:2px 0 5px 0;
```

```
}

/*Estilo para el botón Registrar*/
#boton{
    clear:both;
    margin-left:150px;
    width:125px;
    height:31px;
    background:#666666;
    text-align:center;
    line-height:31px;
    color:#FFFFFF;
    font-size:11px;
    font-weight:bold;
}
```

index.html

```
<!DOCTYPE html>
<html>
    <head>
        <meta charset="UTF-8">
        <link href="css/estilo.css" rel="stylesheet" type="text/css"/>
        <meta name="viewport" content="width=device-width, initial-scale=1.0">
    </head>
    <body>
        <section id="formulario">
            <form name="frmregistro" method="post" action="principal.html">
                <h1>FORMULARIO DE REGISTRO</h1>
                <label id="label">Complete el formulario con sus datos</label>
                <p id="linea"> </p>

                <label id="label">Nombres y apellidos
                    <input name="txtnombres" type="text"
                            id="caja" size="60"
                            placeholder="ingrese datos completos" required/>
                </label>
                <label id="label">Dni
                    <input type="text" id="caja" name="txtdni"
                            size="60" placeholder="8 caracteres" disabled/>
                </label>
                <label id="label">Teléfono
                    <input type="tel" id="caja" size="60" name="txtfono"/>
                </label>
```

```html
<label id="label">Estudios realizados </label>
<label id="label">
    <input type="checkbox" name="chkprimaria"
            checked="checked"/> Primaria
</label>
<label id="label">
    <input type="checkbox" name="chksecundaria" /> Secundaria
</label>
<label id="label">
    <input type="checkbox" name="chktecnico" /> Técnico
</label>
<label id="label">
<input type="checkbox" name="chkuniversitario" /> Universitario
</label>
<br/>

<label id="label">Estado civil</label>
<label id="label">
    <input type="radio" name="btnestado" value="s"
            checked="checked"/> Soltero
</label>
<label id="label">
    <input type="radio" name="btnestado" value="c" /> Casado
</label>
<label id="label">
    <input type="radio" name="btnestado" value="v" /> Viudo
</label>
<label id="label">
   <input type="radio" name="btnestado" value="d" /> Divorciado
</label>
<br/>

<label id="label">Provincia</label>
<input type="text" name="txtprovincia" list="provincias"/>
<datalist id="provincias">
    <option value="Lima" />
    <option value="Arequipa" />
    <option value="Tacna" />
    <option value="Trujillo" />
    <option value="Huancayo" />
</datalist>

<label id="label">Correo electrónico
    <input type="email" id="caja" size="60" name="txtemail"/>
</label>
```

```html
        <label id="label">Clave personal
            <input type="password" id="caja"
                    name="txtclave" size="60"
                    placeholder="máximo 6 caracteres "/>
        </label>

        <label id="label">Color de preferencia
            <input type="color" name="txtcolor"/>
        </label>

        <label id="label">Fecha de nacimiento
            <input type="datetime-local" name="txtfecha"/>
        </label>

        <input type="submit" value="registrar">
        <input type="reset" value="limpiar">
    </form>
  </section>
 </body>
</html>
```

BIBLIOGRAFÍA

Van Lancker, L. (2013). *Domine los estándares de las aplicaciones web.* Eni Ediciones.

Goldstein, A., Lazaris, L. & Weyl, E. (2011). *HTML5 y CSS3.* Anaya Multimedia.

Meloni, J. C. (2012). *HTML5, CSS3 y JavaScript.* Anaya Multimedia.

Marcombo es una editorial especializada en libros técnicos y científicos que cuenta con más de 75 años de experiencia.

Los títulos de Marcombo están escritos por grandes especialistas y tratan materias sobre tecnología, empresa, instalaciones y otros temas relacionados con las ciencias e ingenierías. Asimismo, Marcombo publica libros sobre formación profesional, certificados de profesionalidad y universitarios; materias de siempre y actuales que avalan una rigurosa y dilatada trayectoria editorial.

Marcombo está a su disposición para ofrecerle las mejores obras técnicas, científicas y de formación de ayer, hoy y siempre. Los autores, nacionales e internacionales, comparten su amplia experiencia mostrando tutoriales de contenidos paso a paso, expertos consejos e ideas motivadoras que reforzarán sus conocimientos. Estos libros son una valiosa herramienta con la que potenciará notablemente sus habilidades y conocimientos técnicos.

Queremos agradecer su confianza en los libros de Marcombo. Por eso, queremos compartir con usted diversos regalos digitales de algunos de los temas de referencia. Puede acceder a ellos dentro del apartado Contenido gratuito en **www.marcombo.com**